El libro de la magia lunar:
Rituales lunares para la manifestación de los deseos

MW00879131

Índice

Prólogo: 5

Mi historia personal con la magia lunar y su influencia en mi camino espiritual 6

La importancia de conectarse con los ciclos de la Luna y su energía mágica..................7

Introducción a los Encantamientos Lunares..9

    La magia de la Luna y su conexión con la manifestación de deseos 9

Herramientas y preparación para los rituales lunares..13

Fases lunares y su significado en la práctica mágica 15

Rituales de Luna Nueva...17

Ritual para la potencia de la oscuridad y la semilla de los deseos 17

Encantamientos para establecer intenciones y sembrar nuevas metas 18

Ritual para utilizar la energía de la Luna Nueva para limpieza y purificación 20

Rituales de Luna Creciente...21

Aprovechando la energía ascendente de la Luna para potenciar tus deseos 22

Encantamientos para el crecimiento personal 23

Rituales para la abundancia 25

Ritual para la creatividad...27

Ritual con la Luna Creciente para fortalecer tus intenciones 29

Rituales de Luna Llena 32

Cómo aprovechar la energía de la Luna Llena para alcanzar nuestras metas 33

La plenitud y el poder máximo de la Luna para la manifestación de deseos 35

Ritual para La plenitud y el poder máximo de la Luna para la manifestación de deseos36

Encantamientos para la culminación, la celebración y la transformación personal 38

Cómo aprovechar la energía de la Luna Menguante para soltar y liberar lo que ya no
necesitas..42

Encantamientos para el desapego, la sanación y la renovación interna 44

    Encantamientos para el desapego:...45

    Encantamientos para la sanación:..45

    Encantamientos para la renovación interna:...45

Ritual para soltar y liberar lo que ya no te sirve ni te hace feliz 46

Ritual para la sanación y el perdón con la Luna Menguante.......................................48

Ritual para el perdón y la autoestima con la Luna Menguante 50

Ritual para la renovación y la transformación interna con la Luna Menguante.............53

Ritual para la protección y la limpieza energética con la Luna Menguante 55

Ritual para la renovación interna con la Luna Menguante 58

Cómo trabajar con la Luna Menguante para cerrar ciclos y prepararse para nuevas oportunidades 60

Ritual para cerrar ciclos y prepararse para nuevas oportunidades con la Luna Menguante 62

Fechas y eventos astrológicos destacados para trabajar con la magia lunar 65

    Eclipses 65

    Lunaciones especiales 66

    Superlunas 66

    Microlunas 67

    Lunas azules 67

    Lunas negras 68

    Alineaciones planetarias 68

Eventos astrológicos más destacados para los próximos años: 69

Magia lunar en momentos de eclipses 70

Ritual para soltar y liberar en un eclipse lunar total 71

Ritual para crear y manifestar en un eclipse lunar parcial 72

Ritual para renovar y transformar en un eclipse lunar penumbral 74

La magia lunar y cómo intensificar nuestras manifestaciones 75

Tabla de fases lunares y sus correspondencias mágicas 80

    Luna nueva 80

    Luna creciente 81

    Luna llena 82

    Luna menguante 83

Lista de cristales, hierbas y símbolos asociados a cada fase lunar 84

    Luna nueva 84

    Luna creciente 85

    Luna llena 85

    Luna menguante 86

Mágicos hechizos de magia lunar que todo practicante de magia lunar debe conocer ... 87

Hechizo de medianoche para manifestar un deseo difícil con la Luna Llena 87

Hechizo para aumentar tu atractivo y magnetismo con la Luna Creciente 89

Hechizo para deshacer el mal de ojo con un limón y un alfiler 92

Hechizo para atraer la buena suerte con una moneda y una pluma 94

Hechizo para deshacer una maldición familiar con una foto y un espejo 96

Hechizo para encontrar el amor verdadero y duradero 98

Hechizo para crear y consagrar un talismán de la buena suerte 100

Palabras finales 102

Prólogo:

Un viaje a la magia lunar

¡Bienvenido, querido lector, a un fascinante viaje a través de la magia lunar! En estas páginas, te invito a explorar los misterios y los encantamientos que se esconden en la luz plateada de la Luna. Permíteme compartir contigo mi profundo amor y conocimiento sobre la magia lunar, y cómo puedes utilizarla para manifestar tus deseos más profundos.

Desde tiempos inmemoriales, la Luna ha sido venerada y adorada como un símbolo de poder, sabiduría y magia. A lo largo de los siglos, diversas culturas y tradiciones han reconocido la influencia de la Luna en nuestras vidas y han aprovechado su energía para lograr sus objetivos y conectar con lo divino. Ahora, es el momento de que tú también descubras el inmenso potencial que la magia lunar tiene para ti. La magia lunar es una danza cósmica entre la Tierra y la Luna, entre la luz y la oscuridad, entre lo consciente y lo inconsciente. Es una poderosa herramienta que nos permite alinearnos con los ciclos naturales, aprovechando la energía de cada fase lunar para impulsar nuestras intenciones y transformar nuestras vidas.

A través de estas páginas, exploraremos juntos las cuatro fases lunares principales: Luna Nueva, Luna Creciente, Luna Llena y Luna Menguante. Descubriremos los secretos y los encantamientos que cada fase nos revela, aprendiendo a utilizar su energía para manifestar nuestros deseos más profundos y alinear nuestras vidas con nuestros propósitos más elevados.

Además, exploraremos rituales especiales para fechas y eventos astrológicos destacados, como eclipses y alineaciones planetarias, que potenciarán aún más nuestras prácticas mágicas y nos conectarán con la fuerza cósmica del universo. Recuerda, querido lector, que la magia lunar no solo es una herramienta para la manifestación de deseos, sino también un camino de autoconocimiento, sanación y conexión espiritual. A medida que te sumerjas en este libro y en la magia lunar, te animo a explorar tu propia intuición, a conectar con tu esencia y a escuchar la voz de tu corazón.

La magia lunar te guiará hacia la expansión de tu ser y la materialización de tus sueños. Así que, toma mi mano, adéntrate en las páginas de esta obra y permíteme ser tu guía en este viaje mágico. Que la Luna ilumine tu camino y te brinde su amor y sabiduría ancestral.

¡Prepárate para despertar el poder de la magia lunar y manifestar tus deseos más profundos!

Con amor y luz lunar

Mi historia personal con la magia lunar y su influencia en mi camino espiritual

Querido lector,

Permíteme compartir contigo mi historia personal y cómo la magia lunar ha dejado una profunda huella en mi camino espiritual. Desde muy joven, sentí una conexión innata con la Luna y su energía misteriosa. Sus fases cambiantes y su brillo plateado despertaban en mí una sensación de asombro y fascinación. Sin embargo, no fue hasta que comencé a explorar la magia y el esoterismo que comprendí el verdadero poder que la Luna tiene para transformar nuestras vidas.

En mis primeros pasos en el mundo de la brujería y la magia, descubrí la importancia de alinearme con los ciclos naturales y aprovechar la energía de la Luna para manifestar mis deseos más profundos. Fue a través de la práctica de rituales y encantamientos en las diferentes fases lunares que comencé a experimentar cambios significativos en mi vida. Sentí cómo mis intenciones se fortalecían y cómo mi conexión con lo divino se intensificaba con cada fase lunar.

La Luna Nueva se convirtió en un momento sagrado para sembrar nuevas semillas y establecer intenciones claras. A medida que la Luna crecía en el cielo, sentía cómo mi energía vital se expandía y cómo mis metas se acercaban cada vez más a la realización. En la Luna Llena, me sumergía en la luminosidad y la plenitud del momento, potenciando mis rituales y celebrando la conexión con mi intuición más profunda. Pero fue en la Luna Menguante donde encontré una gran fuente de sanación y liberación. A través de rituales de purificación y soltar lo que ya no me servía, experimenté una transformación interna profunda y pude dejar ir patrones y creencias limitantes. La energía de la Luna Menguante me acompañó en el proceso de dejar espacio para nuevas oportunidades y crecimiento espiritual.

A lo largo de los años, mi relación con la magia lunar se ha fortalecido y ha influenciado todos los aspectos de mi camino espiritual. He aprendido a escuchar los mensajes sutiles que la Luna me envía, a confiar en su guía y a honrar su influencia en mi vida diaria. Desde la simple observación de su luz en el cielo hasta la realización de rituales complejos, la magia lunar se ha convertido en un pilar fundamental en mi práctica esotérica.

La magia lunar no solo ha enriquecido mi vida personal, sino que también ha sido una fuente de inspiración en mi labor como escritora de libros de esoterismo. A través de mis escritos, he buscado compartir la sabiduría ancestral de la magia lunar con otros buscadores de luz y guiarlos en su propio viaje hacia la manifestación de sus deseos más profundos.

Así que, querido lector, te invito a que explores la magia lunar por ti mismo. Abraza la influencia de la Luna en tu vida, permite que sus energías te envuelvan y descubre el poder transformador que yace en su resplandor plateado.

La importancia de conectarse con los ciclos de la Luna y su energía mágica

La importancia de conectarse con los ciclos de la Luna y su energía mágica es un tema fundamental en el mundo de la espiritualidad y la brujería. A lo largo de la historia, diversas culturas y tradiciones han reconocido y honrado el poder de la Luna, comprendiendo que su influencia se extiende mucho más allá de su belleza celestial. La Luna, con sus diferentes fases y ciclos, nos ofrece una guía cósmica que podemos aprovechar para mejorar nuestras vidas y conectarnos con nuestra esencia más profunda.

Cada fase lunar posee una energía particular y nos brinda la oportunidad de trabajar en diferentes aspectos de nuestro ser. Comprender y sintonizarse con estos ciclos nos permite aprovechar al máximo su poder y alinearnos con la fuerza cósmica que fluye a través de nosotros y del universo. La Luna Nueva marca el comienzo de un nuevo ciclo lunar. En este momento, la Luna no es visible en el cielo, pero su energía esencial está presente.

Es un momento propicio para sembrar nuevas semillas y establecer intenciones claras. Al igual que la Luna se renueva y se prepara para crecer, nosotros también podemos aprovechar esta energía para iniciar nuevos proyectos, establecer metas y manifestar nuestros deseos más profundos. Es un momento de renovación y un poderoso punto de partida para cualquier tipo de trabajo mágico o ritual que busque atraer nuevas oportunidades a nuestras vidas.

A medida que la Luna crece en el cielo, alcanzando su plenitud en la Luna Llena, su energía y poder se intensifican. Este es un momento de culminación y máxima manifestación. La Luna Llena nos brinda la oportunidad de celebrar, honrar y amplificar nuestras intenciones y deseos. La energía lunar en su punto más alto nos conecta con nuestra intuición más profunda y nos ayuda a sintonizarnos con nuestra sabiduría interna. Es un momento propicio para realizar rituales de gratitud, meditaciones de empoderamiento y cualquier práctica espiritual que busque potenciar nuestra conexión con el universo y con nosotros mismos.

A medida que la Luna disminuye su luminosidad, nos adentramos en la fase de la Luna Menguante. Esta etapa es ideal para trabajar en la liberación y la purificación. Al igual que la Luna se va desvaneciendo en el cielo, podemos aprovechar esta energía para dejar ir aquello que ya no nos sirve, para liberarnos de patrones negativos, creencias limitantes y cualquier carga emocional o energética que nos esté frenando. La Luna Menguante nos brinda la oportunidad de soltar y hacer espacio para nuevas experiencias y transformaciones en nuestras vidas.

Es importante destacar que no solo las fases de la Luna nos afectan, sino también los diferentes signos zodiacales por los que la Luna atraviesa durante su ciclo mensual.

Cada signo zodiacal aporta cualidades y energías específicas que influyen en nuestra conexión con la Luna. Por ejemplo, cuando la Luna se encuentra en el signo de Aries, podemos sentir una mayor impulsividad y energía de acción, mientras que en el signo de Libra podemos experimentar un enfoque en el equilibrio y las relaciones.

Aprender sobre los signos zodiacales y su relación con la Luna nos permite afinar nuestra práctica mágica y aprovechar al máximo la energía disponible en cada momento.

Conectarse con los ciclos de la Luna y su energía mágica nos brinda la oportunidad de sincronizarnos con los ritmos naturales del universo. Nos ayuda a recordar que somos parte de un todo más grande y nos invita a alinear nuestras intenciones y acciones con el flujo cósmico. Al comprender los diferentes aspectos de la Luna y cómo afectan nuestras vidas, podemos aprovechar su influencia para impulsar nuestro crecimiento personal, mejorar nuestras relaciones, fortalecer nuestra intuición y potenciar nuestra conexión espiritual.

La práctica de trabajar con la energía lunar puede variar según las preferencias individuales y las tradiciones esotéricas. Algunas personas prefieren realizar rituales específicos durante cada fase lunar, utilizando herramientas como velas, cristales, hierbas y símbolos para enfocar su energía y establecer intenciones claras. Otros pueden optar por practicar meditaciones, visualizaciones o simplemente pasar tiempo al aire libre conectando con la Luna y su energía. Lo más importante es cultivar una relación personal con la Luna y permitir que su influencia nos guíe en nuestro camino espiritual. Esto implica estar atentos a las diferentes fases lunares, observar cómo nos sentimos durante cada etapa y adaptar nuestras prácticas en consecuencia.

Al sintonizarnos con la energía lunar, podemos trabajar en armonía con las fuerzas cósmicas, aprovechando su apoyo y sabiduría para manifestar nuestros deseos más profundos y lograr un mayor equilibrio en nuestras vidas.

No importa cuál sea nuestro camino espiritual o nuestras creencias, la conexión con los ciclos de la Luna y su energía mágica puede ser profundamente enriquecedora. Nos invita a apreciar la belleza y el misterio del cosmos, a confiar en nuestro propio poder interno y a fluir con los cambios y ciclos que experimentamos a lo largo de nuestra existencia.

En resumen, la importancia de conectarse con los ciclos de la Luna y su energía mágica radica en el hecho de que nos brinda una guía cósmica para mejorar nuestras vidas y conectarnos con nuestra esencia más profunda. Aprovechar las diferentes fases lunares y los signos zodiacales nos permite trabajar en diferentes aspectos de nuestro ser, establecer intenciones claras, liberarnos de lo que ya no nos sirve y manifestar nuestros deseos más profundos.

Al conectar con la energía lunar, nos alineamos con el flujo cósmico y recordamos nuestra conexión con el universo. Que esta obra, sea una guía para que descubras y experimentes la magia transformadora de la Luna en tu propio camino espiritual.

Introducción a los Encantamientos Lunares

La magia de la Luna y su conexión con la manifestación de deseos

La Luna, ese brillante y misterioso cuerpo celeste que nos acompaña en las noches estrelladas, ha sido venerada y adorada desde tiempos inmemoriales por su profunda conexión con la magia y la manifestación de deseos.

A lo largo de la historia, la Luna ha sido venerada y considerada como un poderoso símbolo de manifestación y poder. Diversas culturas y tradiciones de todo el mundo han reconocido su influencia en la materialización de los deseos más profundos de la humanidad. Estas creencias y prácticas han pasado de generación en generación, transmitiendo el conocimiento ancestral sobre la conexión entre la Luna y la manifestación de deseos.

En la antigua Grecia, por ejemplo, se creía en la diosa Selene, quien personificaba la Luna y se asociaba con la fertilidad, la intuición y la magia. Los griegos realizaban rituales y ceremonias durante las fases lunares para invocar su poder y solicitar la manifestación de sus deseos.

También en la mitología romana, la diosa Luna, conocida como Luna Diana, era considerada la guardiana de los sueños y los deseos. Los romanos realizaban rituales en honor a Luna Diana durante las fases lunares para atraer abundancia y cumplimiento de deseos.

En la tradición celta, la Luna era venerada como una deidad femenina, asociada con la fertilidad, el renacimiento y la intuición. Los celtas creían en la influencia de la Luna en la naturaleza y en la capacidad de trabajar con su energía para manifestar deseos.

Realizaban rituales y ceremonias específicos durante las fases lunares para atraer amor, abundancia y protección.

En el ámbito de la brujería, tanto en la Wicca como en otras tradiciones mágicas, la Luna ocupa un lugar central. La brujería lunar se basa en la creencia de que cada fase lunar posee una energía específica que puede ser utilizada para manifestar deseos y realizar trabajos mágicos. Por ejemplo, durante la Luna Nueva, se pueden realizar rituales de siembra de intenciones y visualizaciones claras de lo que se desea atraer a la vida.

Durante la Luna Llena, se realizan rituales de celebración y amplificación de los deseos, aprovechando la máxima energía lunar. Y durante la Luna Menguante, se pueden realizar rituales de liberación y purificación, soltando aquello que ya no sirve y abriendo espacio para nuevas experiencias.

La influencia de la Luna en la manifestación de deseos también se refleja en prácticas como la astrología. Los signos del zodiaco están asociados a elementos, planetas y también a la Luna. Cada signo lunar tiene una influencia específica en nuestras emociones y en nuestra capacidad de manifestar deseos.

¿Pero cómo es que la Luna tiene esta influencia tan poderosa en nuestra capacidad de manifestación? La respuesta se encuentra en su energía sutil y en su íntima relación con los ciclos naturales y cósmicos. La Luna, al igual que nosotros, está sujeta a ciclos de crecimiento, plenitud y disminución. Estos ciclos se reflejan en sus fases lunares, que van desde la Luna Nueva hasta la Luna Llena y luego a la Luna Menguante.

Cuando comprendemos y trabajamos en armonía con los diferentes ciclos y fases de la Luna, podemos aprovechar su energía para potenciar nuestra capacidad de manifestación.

Cada fase lunar nos ofrece una oportunidad única de alinear nuestros deseos, intenciones y energías con las fuerzas cósmicas que nos rodean. Es como si la Luna se convirtiera en nuestra aliada cósmica, guiándonos en el camino hacia la realización de nuestros sueños y deseos más profundos.

La Luna Nueva marca el inicio de un nuevo ciclo lunar y es un momento ideal para sembrar las semillas de nuestros deseos. Durante esta fase, la Luna no es visible en el cielo, pero su energía esencial está presente, brindándonos un lienzo en blanco en el que podemos dibujar nuestros anhelos más profundos. Es en este momento cuando podemos establecer nuestras intenciones de manera clara y específica, visualizando con detalle lo que deseamos manifestar en nuestra vida. Al hacerlo, estamos estableciendo una conexión consciente con la energía de la Luna y alineándonos con su poder transformador.

Conforme la Luna va creciendo en el cielo y alcanza su plenitud en la Luna Llena, su energía se intensifica y nos brinda una oportunidad extraordinaria de potenciar nuestros deseos. Durante esta fase, la Luna brilla en todo su esplendor, irradiando una energía de plenitud y culminación.

Es un momento propicio para celebrar y honrar nuestros logros, así como para amplificar nuestras intenciones y deseos. Podemos aprovechar la energía de la Luna Llena para realizar rituales, meditaciones y prácticas mágicas que nos ayuden a conectar con nuestra intuición más profunda y a alinear nuestras acciones con nuestras metas y deseos.

A medida que la Luna va disminuyendo su luminosidad y llega a la fase de la Luna Menguante, se nos presenta una oportunidad única para soltar y liberar aquello que ya no nos sirve o nos está frenando en nuestro camino.

Al igual que la Luna va menguando en el cielo, podemos aprovechar su energía en esta fase para deshacernos de patrones negativos, creencias limitantes y cargas emocionales o energéticas que nos impiden avanzar. La Luna Menguante nos brinda un espacio sagrado para la purificación y renovación interior.

Podemos utilizar esta fase lunar para realizar rituales de limpieza, meditaciones de liberación y prácticas de autocuidado que nos ayuden a soltar y dejar ir aquello que ya no nos sirve. Es importante destacar que la conexión entre la Luna y la manifestación de deseos no se trata simplemente de realizar rituales en determinadas fases lunares y esperar que nuestros deseos se cumplan automáticamente. La magia de la Luna es una invitación a trabajar en nosotros mismos, a explorar nuestra propia sabiduría interior y a alinear nuestras acciones con nuestras intenciones. La Luna nos brinda una guía y una energía poderosa, pero nosotros somos los co-creadores de nuestra realidad.

Para aprovechar al máximo la magia de la Luna en la manifestación de deseos, es fundamental cultivar una conexión profunda y consciente con ella. Podemos comenzar observando y registrando las diferentes fases lunares, anotando cómo nos sentimos, qué deseos o intenciones surgen en cada fase y cómo podemos utilizar esa energía para nuestro crecimiento personal. La práctica de llevar un diario lunar puede ser de gran ayuda para comprender nuestras propias fluctuaciones emocionales y energéticas en relación con la Luna.

Además, la meditación y la visualización son herramientas poderosas para trabajar con la energía de la Luna y manifestar nuestros deseos. Durante los momentos de quietud y conexión interior, podemos imaginar y sentir con claridad lo que deseamos manifestar en nuestras vidas.

Al visualizar nuestros deseos como si ya estuvieran sucediendo, creamos un campo energético poderoso que atrae las circunstancias y oportunidades adecuadas para su materialización. Asimismo, es importante recordar que la magia de la Luna se entrelaza con la naturaleza y los elementos que nos rodean.

Pasar tiempo al aire libre, especialmente durante las fases lunares relevantes, nos permite conectarnos más profundamente con la energía lunar y con la naturaleza misma. Podemos realizar rituales al aire libre, pasear bajo la luz de la Luna, bañarnos en agua lunar o simplemente sentarnos en contemplación y gratitud hacia la belleza y la magia del universo.

En resumen, la magia de la Luna y su conexión con la manifestación de deseos nos invita a explorar y honrar la energía cíclica y transformadora de la Luna. A través de la comprensión y el trabajo en armonía con las diferentes fases lunares, podemos sembrar nuestras intenciones, celebrar nuestros logros, soltar lo que ya no nos sirve y renovarnos interiormente. La magia de la Luna es una poderosa herramienta que nos recuerda nuestra capacidad de co-creación y nos invita a vivir en alineación con nuestros deseos más auténticos.

Herramientas y preparación para los rituales lunares

Prepararse adecuadamente y utilizar las herramientas adecuadas son aspectos fundamentales para llevar a cabo rituales lunares efectivos y significativos. La Luna, con su energía mágica y su influencia en nuestras vidas, requiere que nos acerquemos a ella de manera consciente y respetuosa. A continuación, exploraremos algunas herramientas y prácticas que pueden ser útiles en la preparación de rituales lunares.

1. Espacio sagrado: Antes de comenzar cualquier ritual lunar, es importante crear un espacio sagrado. Puedes elegir un lugar tranquilo en tu hogar o en la naturaleza, donde te sientas conectado con la energía lunar. Limpia el espacio físicamente y energéticamente, removiendo cualquier distracción o negatividad. Puedes utilizar sahumerios, esencias o sonidos suaves para purificar el ambiente y generar una atmósfera propicia para el trabajo mágico.

2. Altar lunar: Un altar lunar es un espacio dedicado específicamente a honrar y trabajar con la energía de la Luna. Puedes crearlo en tu espacio sagrado y decorarlo con elementos que representen la Luna, como velas plateadas o blancas, imágenes o símbolos lunares, piedras como la selenita o la piedra de luna, y objetos personales que te conecten con la energía lunar. El altar lunar sirve como punto focal durante los rituales y como recordatorio visual de tu intención y conexión con la Luna.

3. Velas: Las velas son herramientas poderosas en la magia lunar. Las velas blancas o plateadas son especialmente adecuadas para los rituales lunares, ya que representan la energía lunar y la pureza. Puedes encender velas durante tus rituales para crear un ambiente sagrado y para canalizar y enfocar tu energía y tus intenciones. Al encender una vela, puedes visualizar cómo su llama representa la luz de la Luna y cómo te conecta con su energía mágica.

4. Cristales: Los cristales son aliados poderosos en la magia lunar. Algunas piedras que se asocian con la Luna son la piedra de luna, la selenita, la labradorita y el cuarzo blanco. Estos cristales pueden ser utilizados durante los rituales para amplificar la energía lunar y potenciar tus intenciones. Puedes colocarlos en tu altar lunar, sostenerlos durante la meditación o llevarlos contigo durante el ritual para mantener una conexión constante con la energía de la Luna.

5. Hierbas y aceites esenciales: Las hierbas y los aceites esenciales también pueden ser utilizados en los rituales lunares. Algunas hierbas asociadas con la Luna son la menta, la lavanda, el jazmín y la salvia. Puedes utilizarlas en forma de sahumerio, añadirlas a tu baño ritual o utilizar sus aceites esenciales para ungir velas u objetos. Estas plantas y aceites tienen propiedades relajantes, purificadoras y protectoras, y pueden ayudarte a conectarte con la energía lunar y a crear una atmósfera propicia para el ritual.

6. Diario lunar: Llevar un diario lunar es una práctica valiosa para registrar tus experiencias y observaciones durante los diferentes ciclos lunares. Puedes utilizar un diario lunar para registrar tus experiencias y observaciones durante los diferentes ciclos lunares. Puedes anotar tus intenciones, visualizaciones, emociones y cualquier resultado o manifestación que hayas experimentado durante tus rituales lunares. Esto te permitirá llevar un seguimiento de tu progreso y aprender más sobre tus propios patrones y conexiones con la energía lunar a lo largo del tiempo.

7. Meditación y visualización: Antes de comenzar un ritual lunar, es beneficioso tomar unos momentos para meditar y conectar con la energía de la Luna. Puedes sentarte en un lugar tranquilo, cerrar los ojos y enfocar tu atención en tu respiración. Visualiza una luz plateada o blanca que te envuelve y siente cómo te conectas con la energía lunar. A medida que te relajas, puedes visualizar claramente tus intenciones y deseos manifestándose en tu vida. La meditación y la visualización te ayudarán a sintonizarte con la energía de la Luna y a establecer una conexión profunda antes de comenzar tu ritual.

8. Intención clara y específica: Antes de realizar un ritual lunar, es esencial tener una intención clara y específica sobre lo que deseas manifestar. Pregúntate a ti mismo qué es lo que realmente quieres y cómo te sentirías si eso se hiciera realidad. Escribe tu intención en papel y lee en voz alta durante tu ritual, enfocándote en las palabras y visualizando cómo se manifiesta en tu vida.

Cuanto más claro y específico seas con tu intención, más poderosa será tu conexión con la energía lunar y más probable será que logres manifestar tus deseos.

9. Sincronización con las fases lunares: Cada fase lunar tiene su propia energía y propósito. Es importante tener en cuenta las fases lunares al planificar tus rituales. Aprovechar la energía de cada fase lunar te ayudará a trabajar en armonía con la energía de la Luna y a potenciar tus rituales.

10. Escucha tu intuición: Durante tus rituales lunares, es importante escuchar tu intuición y dejarte guiar por ella. Cada persona tiene una conexión única con la energía lunar y lo que funciona para uno puede no funcionar para otro. Si sientes la necesidad de modificar un ritual, adaptarlo o agregar algo más, confía en tu intuición y sigue tus instintos. La magia lunar es personal y subjetiva, y lo más importante es que te sientas auténtico y en sintonía con la energía de la Luna.

Recuerda que la preparación adecuada y el uso de herramientas adecuadas son fundamentales para realizar rituales lunares efectivos. Experimenta con diferentes prácticas y herramientas, y encuentra lo que funciona mejor para ti. A medida que te sumerjas en el mundo de los rituales lunares, podrás desarrollar una conexión más profunda con la energía de la Luna y potenciar tu capacidad de manifestar tus deseos más profundos.

Fases lunares y su significado en la práctica mágica

Luna Nueva: La Luna Nueva marca el comienzo de un nuevo ciclo lunar y se produce cuando la Luna se encuentra alineada entre la Tierra y el Sol, por lo que no es visible en el cielo. Esta fase lunar es considerada un momento de renovación y nuevos comienzos. En la práctica mágica, la Luna Nueva es ideal para sembrar las semillas de nuestros deseos y establecer intenciones claras y específicas. Es un momento para plantar las bases de lo que queremos manifestar en nuestras vidas. Durante esta fase, es común realizar rituales de visualización y establecer metas y deseos para el ciclo lunar que comienza.

Luna Creciente: Después de la Luna Nueva, la Luna comienza a crecer en el cielo y pasa a la fase de Luna Creciente. Durante esta fase, la luz de la Luna se va incrementando gradualmente y simboliza el crecimiento y la expansión. Es un momento propicio para tomar acción y trabajar en la manifestación de nuestros deseos. En la práctica mágica, la Luna Creciente se asocia con la energía de construcción y progreso. Puedes utilizar esta fase para realizar rituales que te ayuden a superar obstáculos, fortalecer tus intenciones y dar impulso a tus proyectos.

Luna Gibosa Creciente: Esta fase ocurre aproximadamente una semana después de la Luna Nueva y es la etapa en la que la Luna se encuentra a punto de alcanzar la plenitud. La Luna Gibosa Creciente es un momento de potencial y preparación. La energía en esta fase es de culminación y crecimiento continuo.

Puedes aprovechar esta fase para revisar y ajustar tus intenciones, así como para liberar cualquier obstáculo que pueda estar bloqueando tu camino hacia la manifestación. Los rituales de limpieza y purificación son especialmente efectivos durante esta fase lunar.

Luna Llena: La Luna Llena es quizás la fase lunar más conocida y reconocida. En esta fase, la Luna se encuentra completamente iluminada y brilla en todo su esplendor en el cielo nocturno. La energía de la Luna Llena es de plenitud, culminación y celebración. En la práctica mágica, la Luna Llena es un momento de gran poder y amplificación de energías. Puedes utilizar esta fase para cargar objetos mágicos, realizar rituales de gratitud y honrar tus logros. También es un momento propicio para trabajar en la sanación emocional y energética, así como para fortalecer tus habilidades intuitivas.

Luna Gibosa Menguante: Después de la Luna Llena, la Luna comienza a disminuir su brillo y pasa a la fase de Luna Gibosa Menguante. Durante esta fase, la energía se dirige hacia la introspección y la liberación. Es un momento adecuado para reflexionar sobre los resultados de tus esfuerzos y evaluar qué aspectos de tu vida necesitan ser liberados o transformados. En la práctica mágica, la Luna Gibosa Menguante se asocia con la purificación y la liberación de lo que ya no te sirve. Puedes realizar rituales de desapego y dejar ir patrones negativos, hábitos dañinos o relaciones tóxicas. Esta fase lunar te brinda la oportunidad de limpiar y prepararte para el próximo ciclo lunar.

Luna Menguante: La Luna Menguante marca el final del ciclo lunar y se produce cuando la Luna se encuentra en su fase más oscura. Durante esta fase, la energía está en su punto más bajo y se enfoca en la renovación interna. Es un momento para descansar, recuperar energías y prepararte para el próximo ciclo.

En la práctica mágica, la Luna Menguante es propicia para la meditación, la introspección y la conexión con tu sabiduría interior. Puedes utilizar esta fase para realizar rituales de autocuidado, sanación emocional y espiritual, y para establecer nuevas intenciones para el próximo ciclo lunar.

Es importante destacar que estas descripciones son solo una guía general y que cada persona puede experimentar y trabajar con las fases lunares de manera personalizada. También es posible realizar rituales específicos en cada fase lunar según las intenciones y necesidades individuales. La clave está en sintonizarte con la energía de la Luna y permitir que te guíe en tus prácticas mágicas y manifestaciones.

Rituales de Luna Nueva

La Luna Nueva es una fase lunar llena de misterio y potencial. En esta etapa, la Luna no es visible en el cielo, ya que se encuentra alineada entre la Tierra y el Sol. Es un momento de oscuridad y también de gran poder, ya que representa un nuevo comienzo y la oportunidad de sembrar las semillas de nuestros deseos más profundos. Los rituales de Luna Nueva son especialmente efectivos para establecer intenciones claras y plantar las bases de lo que queremos manifestar en nuestras vidas. La oscuridad de la Luna nos invita a adentrarnos en nuestro mundo interior y a conectar con nuestra sabiduría interna. Es un momento propicio para hacer una pausa, reflexionar y explorar nuestros deseos auténticos.

Ritual para la potencia de la oscuridad y la semilla de los deseos

Herramientas necesarias:

1. Velas: una vela negra y una vela blanca.

2. Incienso: preferiblemente de sándalo o mirra.

3. Papel y bolígrafo.

4. Un cuenco con agua.

5. Cristales: puedes elegir aquellos que te conecten con la intuición y la

manifestación, como la amatista o la piedra de luna.

Pasos a seguir:

1. Preparación: a. Elige un lugar tranquilo y cómodo donde realizarás el ritual. b. Limpia el espacio física y energéticamente utilizando incienso, sahumerios o sonidos suaves. c. Coloca las velas en un lugar seguro y enciéndelas, la negra a tu izquierda y la blanca a tu derecha. d. Coloca el cuenco con agua cerca de las velas. e. Toma unos momentos para centrarte y relajarte, respirando profundamente y conectándote con tu intención.

2. Meditación: a. Cierra los ojos y enfoca tu atención en tu respiración. b. Visualiza una oscuridad profunda y reconfortante a tu alrededor. Siente cómo te envuelve y te protege. c. Imagina que estás plantando una semilla en esa oscuridad, representando tus deseos más profundos. Visualiza con claridad cómo se desarrolla y crece. d. Siente la conexión

con la energía de la Luna Nueva y la fuerza de la oscuridad que potencia tus intenciones.

3. Escritura de deseos: a. Toma el papel y el bolígrafo. b. Escribe en el papel tus deseos e intenciones de manera clara y específica. Puedes incluir tus metas, sueños y aspiraciones. c. Mientras escribes, concéntrate en la emoción y la convicción de que tus deseos se están manifestando.

4. Activación de los deseos: a. Toma el papel con tus deseos escritos y sosténlo entre tus manos. b. Visualiza nuevamente la semilla que has plantado en la oscuridad y siente cómo se llena de energía y vida. c. Coloca el papel cerca de las velas, permitiendo que la llama las toque pero sin que se queme. d. Repite en voz alta o en tu mente una afirmación poderosa y personalizada que represente la manifestación de tus deseos.

5. Ceremonia final: a. Sumerge tus dedos en el cuenco con agua y rocía unas gotas sobre el papel, simbolizando la bendición de tus deseos. b. Agradece a la oscuridad y a la energía de la Luna Nueva por su apoyo en la manifestación de tus deseos. c. Deja que las velas se consuman por completo o apágalas con un apagavelas. d. Guarda el papel en un lugar seguro y especial, donde puedas verlo y recordar tus intenciones.

Recuerda que la oscuridad representa el poder del potencial y la semilla de tus deseos, y la Luna Nueva es una fase propicia para sembrar tus intenciones y manifestar tus deseos más profundos. A través de este ritual, te conectas con la energía de la oscuridad y aprovechas su fuerza para nutrir y hacer crecer tus deseos.

Es importante realizar este ritual en un estado de calma y concentración, permitiéndote sumergirte en la meditación y visualización de tus deseos. Recuerda que la intención y la fe son fundamentales en la manifestación de tus sueños.

¡Que la oscuridad y la Luna Nueva te guíen en el camino hacia la realización de tus deseos más profundos!

Encantamientos para establecer intenciones y sembrar nuevas metas

Herramientas necesarias:

1. Velas: una vela blanca y una vela de color correspondiente a tu intención (por ejemplo, verde para la salud, dorado para el éxito, rosa para el amor, etc.).

2. Incienso: elige un aroma que te inspire y te conecte con tu intención.

3. Papel y bolígrafo.

4. Un cuenco con agua.

5. Cristales: elige aquellos que estén alineados con tu intención, como cuarzo transparente para la claridad o cornalina para la motivación.

Pasos a seguir:

1. Preparación: a. Encuentra un lugar tranquilo donde puedas realizar el ritual sin interrupciones. b. Limpia el espacio física y energéticamente utilizando incienso o sahumerios. c. Coloca las velas en un lugar seguro, la vela blanca en el centro y la vela de color a su lado. d. Coloca el cuenco con agua cerca de las velas. e. Tómate un momento para respirar profundamente y relajarte, conectándote con tu intención.

2. Meditación: a. Cierra los ojos y enfoca tu atención en tu respiración. b. Visualiza una luz brillante y pura que te envuelve, simbolizando la energía de la luna nueva y la oportunidad de establecer nuevas metas. c. Siente cómo esa luz te llena de inspiración y determinación para lograr tus objetivos. d. Permanece en este estado de meditación el tiempo que necesites para fortalecer tu conexión con tu intención.

3. Escritura de intenciones: a. Toma el papel y el bolígrafo. b. Escribe en el papel tus intenciones y metas de manera clara y específica. Sé específico sobre lo que deseas manifestar en tu vida. c. Mientras escribes, imagina cómo esas intenciones se convierten en realidad y siente la emoción de lograrlas.

4. Activación de las intenciones: a. Toma el papel con tus intenciones escritas y sosténlo entre tus manos. b. Imagina cómo la energía de tus intenciones fluye desde tus manos hacia el papel, cargándolo de energía positiva. c. Enciende la vela de color y, mientras la miras, visualiza cómo la llama representa el poder de tu intención y cómo se fortalece con cada respiración que tomas. d. Lee en voz alta tus intenciones, sintiendo cada palabra y creyendo en su realización.

5. Ceremonia final: a. Sumerge tus dedos en el cuenco con agua y rocía unas gotas sobre el papel, simbolizando la bendición de tus intenciones y su conexión con la energía lunar. b. Agradece a la luna y a las fuerzas cósmicas por su apoyo en la manifestación de tus metas. c. Deja que la vela se consuma por completo o apágala con un apagavelas. d. Guarda el papel en un lugar especial donde puedas verlo y recordar tus intenciones regularmente. Recuerda que este ritual de luna nueva te ofrece la oportunidad de establecer nuevas intenciones y sembrar nuevas metas en tu vida. A medida que trabajas con la energía de la luna nueva, recuerda mantener un estado de apertura, confianza y gratitud hacia el universo. ¡Que tus intenciones se manifiesten de manera positiva y en armonía con tu más alto bien! Bendiciones en tu práctica de encantamiento de luna nueva.

Ritual para utilizar la energía de la Luna Nueva para limpieza y purificación

Herramientas necesarias:

1. Velas: una vela blanca y una vela negra.

2. Incienso: elige un aroma purificador, como el sándalo, el copal o la salvia.

3. Sal marina o sal de epsom.

4. Un cuenco con agua.

5. Un cristal de cuarzo transparente o amatista (opcional).

6. Un papel y un bolígrafo.

7. Un apagavelas.

Pasos a seguir:

1. Preparación: a. Encuentra un lugar tranquilo y sin interrupciones para realizar el ritual. b. Limpia el espacio física y energéticamente utilizando el incienso. Pasa el humo por todo el espacio mientras visualizas cómo se purifica y se libera de energías negativas. c. Coloca las velas en un lugar seguro, la vela blanca a tu derecha y la vela negra a tu izquierda. d. Coloca el cuenco con agua cerca de las velas. e. Si tienes un cristal, colócalo frente a ti.

2. Meditación: a. Siéntate cómodamente frente a las velas y cierra los ojos. b. Respira profundamente varias veces, inhalando luz y exhalando cualquier tensión o energía negativa. c. Visualiza una luz blanca y pura que desciende desde la luna hacia ti, envolviéndote y purificando todo tu ser. d. Siente cómo esta luz limpia y disuelve cualquier energía estancada o no deseada en tu campo energético.

3. Escritura de intenciones: a. Toma el papel y el bolígrafo. b. Escribe en el papel todas las energías negativas, bloqueos o patrones que deseas liberar y purificar. Sé específico y detallado. c. Una vez que hayas terminado de escribir, visualiza cómo estas palabras y energías se transfieren al papel, dejándote a ti y a tu campo energético completamente limpios y purificados.

4. Ritual de limpieza: a. Toma un puñado de sal marina o sal de epsom en tus manos. b. Visualiza cómo la sal se llena de energía purificadora y disuelve todas las impurezas y negatividades en tu vida. c. Espárcela suavemente sobre el papel escrito, cubriéndolo completamente.

5. Activación de la limpieza: a. Enciende la vela negra y visualiza cómo su llama representa la transmutación y liberación de todas las energías negativas. b. Toma el papel con la sal y acerca suavemente el extremo a la llama de la vela negra, permitiendo que se queme y se transforme en cenizas. c. Coloca las cenizas en el cuenco con agua, simbolizando la purificación y la transmutación de las energías negativas en algo puro y limpio.

6. Ceremonia final: a. Enciende la vela blanca y coloca el cuenco con las cenizas cerca de las velas. b. Observa la llama de la vela blanca y visualiza cómo su luz blanca y pura purifica y purifica todo tu ser. c. Toma el cuenco con agua y sumerge tus dedos en ella. d. Rocía suavemente unas gotas de agua sobre las cenizas, simbolizando la purificación completa de las energías negativas y la renovación de tu ser. e. Agradece a la luna y a las fuerzas universales por su apoyo en este proceso de limpieza y purificación. f. Deja que las velas se consuman por completo o apágalas con un apagavelas.

Recuerda que este ritual es un poderoso medio para aprovechar la energía de la Luna Nueva y purificar tu ser de energías negativas. Siempre realiza rituales con respeto y consciencia, y asegúrate de desechar adecuadamente los restos de las velas y las cenizas.

¡Que la energía de la Luna Nueva te acompañe en tu proceso de limpieza y purificación!

Rituales de Luna Creciente

La Luna Creciente es una fase lunar llena de energía expansiva y promesas de crecimiento. Durante este periodo, la luz de la Luna comienza a aumentar gradualmente, simbolizando el inicio de nuevos ciclos y el impulso para materializar nuestros deseos y metas. Los rituales de Luna Creciente nos brindan la oportunidad de trabajar con esta poderosa energía y aprovecharla para manifestar nuestras intenciones.

En la fase de Luna Creciente, nuestra energía y vitalidad están en aumento, al igual que nuestro enfoque y determinación. Es un momento propicio para establecer nuevas metas, sembrar las semillas de nuestros deseos y dar los primeros pasos hacia su realización.

La Luna Creciente nos invita a alinearnos con nuestros propósitos y nos proporciona el impulso necesario para avanzar en el camino hacia nuestros sueños. Los rituales de Luna Creciente pueden abarcar una amplia gama de intenciones y enfoques. Pueden estar enfocados en la prosperidad y la abundancia, la salud y el bienestar, el amor y las relaciones, el crecimiento personal o cualquier área de nuestra vida en la que deseemos experimentar un crecimiento positivo.

Estos rituales nos permiten trabajar en armonía con los ciclos naturales y aprovechar la energía cósmica para facilitar la manifestación de nuestras intenciones. Durante los rituales de Luna Creciente, podemos utilizar diferentes herramientas y prácticas para amplificar nuestra intención y conectarnos con la energía lunar. Esto puede incluir el uso de velas, inciensos, cristales, aceites esenciales, música, meditación y visualización creativa.

Cada persona puede adaptar el ritual a sus preferencias y necesidades, creando un espacio sagrado y personalizado donde puedan conectarse con su ser interior y la energía de la Luna.

Al realizar rituales de Luna Creciente, es importante recordar la importancia de la claridad de intención, la gratitud y el respeto por los ciclos naturales. Estos rituales no solo nos permiten manifestar nuestros deseos, sino que también nos ayudan a desarrollar una conexión más profunda con nosotros mismos y el universo que nos rodea.

Aprovechando la energía ascendente de la Luna para potenciar tus deseos

Herramientas necesarias:

1. Velas: una vela blanca y una vela del color correspondiente a tu deseo o intención.

2. Incienso: elige un aroma que te inspire y te conecte con tus deseos.

3. Papel y bolígrafo.

4. Un cuenco con agua.

5. Cristales: elige aquellos que estén alineados con tus deseos, como cuarzo rosa para el amor, citrino para la prosperidad o amatista para la intuición.

6. Un objeto personal que represente tu deseo o intención (opcional).

7. Un apagavelas.

Pasos a seguir:

1. Preparación: a. Encuentra un lugar tranquilo donde puedas realizar el ritual sin interrupciones. b. Limpia el espacio física y energéticamente utilizando el incienso. Visualiza cómo el humo purifica y llena el espacio de energía positiva. c. Coloca las velas en un lugar seguro, con la vela blanca a tu derecha y la vela del color correspondiente a tu deseo a tu izquierda. d. Coloca el cuenco con agua cerca de las velas. e. Si has elegido un objeto personal, colócalo frente a ti. f. Tómate un momento para respirar profundamente, relajarte y conectar con tu deseo o intención.

2. Meditación: a. Siéntate frente a las velas, cierra los ojos y respira profundamente varias veces. b. Visualiza una luz brillante que desciende desde la Luna hacia ti, envolviéndote y llenándote de energía ascendente. c. Siente cómo esta luz potencia tus deseos y los impulsa hacia la manifestación. d. Permanece en este estado de meditación, fortaleciendo tu conexión con tus deseos.

3. Escritura de deseos: a. Toma el papel y el bolígrafo. b. Escribe en el papel tus deseos e intenciones de manera clara y específica. Sé detallado y utiliza palabras positivas y afirmativas. c. Mientras escribes, visualiza cómo tus deseos se manifiestan y siente la emoción de su realización.

4. Activación de los deseos: a. Toma el papel con tus deseos escritos y sosténlo entre tus manos. b. Visualiza cómo la energía ascendente de la Luna fluye a través de ti y llena el papel, cargándolo de poder y potencia. c. Enciende la vela del color correspondiente a tu deseo y visualiza cómo la llama representa la energía ascendente que impulsa tus deseos hacia la manifestación. d. Lee en voz alta tus deseos, sintiendo cada palabra y creyendo en su realización.

5. Ceremonia final: a. Sumerge tus dedos en el cuenco con agua y rocía unas gotas sobre el papel, simbolizando la bendición de tus deseos con la energía ascendente de la Luna. b. Agradece a la Luna y a las fuerzas cósmicas por su apoyo en este ritual y en la manifestación de tus deseos. c. Deja que las velas se consuman por completo o apágalas con el apagavelas si necesitas finalizar el ritual antes de que se consuman. d. Guarda el papel con tus deseos en un lugar especial o entiérralo en la tierra como símbolo de siembra y manifestación. e. Mantén una actitud de gratitud y confianza en que tus deseos se manifestarán en el momento adecuado.

Encantamientos para el crecimiento personal

Herramientas necesarias:

1. Velas: una vela blanca y una vela del color correspondiente a tu objetivo de crecimiento personal.

2. Incienso: elige un aroma que te inspire y te conecte con tus metas de desarrollo personal.

3. Papel y bolígrafo.

4. Un cuenco con agua.

5. Cristales: elige aquellos que estén alineados con tu objetivo de crecimiento, como el cuarzo transparente para la claridad mental o el ópalo para la transformación.

6. Un objeto simbólico que represente tu intención de crecimiento personal (opcional).

7. Un apagavelas.

Pasos a seguir:

1. Preparación: a. Encuentra un lugar tranquilo donde puedas realizar el ritual sin interrupciones. b. Limpia el espacio física y energéticamente utilizando el incienso. Visualiza cómo el humo purifica y llena el espacio de energía positiva. c. Coloca las velas en un lugar seguro, con la vela blanca a tu derecha y la vela del color correspondiente a tu objetivo a tu izquierda. d. Coloca el cuenco con agua cerca de las velas. e. Si has elegido un objeto simbólico, colócalo frente a ti. f. Tómate un momento para respirar profundamente, relajarte y conectar con tu objetivo de crecimiento personal.

2. Meditación: a. Siéntate frente a las velas, cierra los ojos y respira profundamente varias veces. b. Visualiza una luz brillante que desciende desde la luna hacia ti, llenándote de energía positiva y vitalidad. c. Siente cómo esta luz fortalece tu determinación y tu deseo de crecer y desarrollarte personalmente. d. Permanece en este estado de meditación, conectando con tu intención de crecimiento y visualizando los cambios positivos que deseas experimentar.

3. Escritura de intenciones: a. Toma el papel y el bolígrafo. b. Escribe en el papel tus intenciones de crecimiento personal de manera clara y específica. Sé detallado y utiliza palabras positivas y afirmativas. c. Mientras escribes, visualiza cómo estas intenciones se hacen realidad en tu vida y siente la emoción de tu transformación personal.

4. Activación de las intenciones: a. Toma el papel con tus intenciones escritas y sosténlo entre tus manos. b. Visualiza cómo la energía de la luna creciente fluye a través de ti y llena el papel, infundiéndolo con poder y energía para tu crecimiento personal. c. Enciende la vela del color correspondiente a tu objetivo de crecimiento y visualiza cómo la llama representa el impulso y el apoyo de la luna creciente en tu proceso de desarrollo. d. Lee en voz alta tus intenciones, sintiendo cada palabra y creyendo en tu capacidad para lograrlas.

5. Ceremonia final: a. Sumerge tus dedos en el cuenco con agua y rocía unas gotas sobre el papel, simbolizando la bendición de tus intenciones con la energía de la luna creciente. b. Agradece a la luna y a las fuerzas cósmicas por su apoyo en tu proceso de crecimiento personal. c. Apaga las velas utilizando el apagavelas. d. Guarda el papel con tus intenciones en un lugar especial o colócalo cerca de tu espacio personal como recordatorio de tu compromiso con tu desarrollo personal. Recuerda que la práctica de este ritual puede adaptarse a tus necesidades y preferencias personales. Siempre realiza el ritual con respeto, intención y sinceridad. ¡Que tengas un maravilloso viaje de crecimiento personal bajo la influencia de la luna creciente!

Rituales para la abundancia

Herramientas necesarias:

1. Velas: una vela blanca y una vela verde o dorada.

2. Incienso: elige un aroma que te inspire y te conecte con la energía de la abundancia, como canela, sándalo o mirra.

3. Papel y bolígrafo.

4. Un cuenco con agua.

5. Cristales: selecciona aquellos que representen la abundancia, como citrino, pirita o jade.

6. Un objeto simbólico que represente la abundancia para ti (opcional).

7. Un apagavelas.

Pasos a seguir:

Preparación:

1. Encuentra un lugar tranquilo donde puedas realizar el ritual sin interrupciones.

2. Limpia el espacio física y energéticamente utilizando el incienso. Visualiza cómo el humo purifica y llena el espacio de energía positiva.

3. Coloca las velas en un lugar seguro, con la vela blanca a tu derecha y la vela verde o dorada a tu izquierda.

4. Coloca el cuenco con agua cerca de las velas.

5. Si has elegido un objeto simbólico, colócalo frente a ti.

6. Tómate un momento para respirar profundamente, relajarte y conectar con la energía de la abundancia.

Meditación:

1. Siéntate frente a las velas, cierra los ojos y respira profundamente varias veces.

2. Visualiza la luna creciente en el cielo, radiante y llena de energía abundante.

3. Siente cómo esta energía de la luna creciente fluye hacia ti, envolviéndote y llenándote de prosperidad.

4. Permanece en este estado de meditación, conectando con la energía de la abundancia y visualizando cómo se manifiesta en todos los aspectos de tu vida.

Escritura de intenciones:

1. Toma el papel y el bolígrafo.

2. Escribe en el papel tus intenciones de abundancia de manera clara y específica. Sé detallado y utiliza palabras positivas y afirmativas.

3. Mientras escribes, visualiza cómo la abundancia se materializa en tu vida y siente la gratitud por ello.

Activación de la abundancia:

1. Toma el papel con tus intenciones escritas y sosténlo entre tus manos.

2. Visualiza cómo la energía de la luna creciente fluye a través de ti y llena el papel, infundiéndolo con poder y energía para manifestar la abundancia en tu vida.

3. Enciende la vela verde o dorada y visualiza cómo la llama representa la energía de la abundancia que se expande y se multiplica.

4. Lee en voz alta tus intenciones, sintiendo cada palabra y creyendo en tu capacidad de recibir y disfrutar de la abundancia en todas sus formas.

Ceremonia final:

1. Sumerge tus dedos en el cuenco con agua y rocía unas gotas sobre el papel, simbolizando la bendición de tus intenciones con la energía de la luna creciente.

2. Agradece a la luna, al universo y a las fuerzas de la abundancia por su apoyo y bendiciones.

3. Apaga las velas con el apagavelas, agradeciendo por su luz y energía.

4. Guarda el papel con tus intenciones en un lugar especial, como un altar o una caja de manifestación, para recordar y mantener presente tu conexión con la abundancia.

5. Deja que las velas se consuman completamente en un lugar seguro o, si es necesario, puedes apagarlas y encenderlas en futuros rituales de abundancia. Recuerda que la práctica regular de este ritual y la conexión profunda con tus intenciones te ayudarán a manifestar la abundancia en tu vida. ¡Que la luna creciente ilumine tu camino hacia la prosperidad!

Ritual para la creatividad

Herramientas necesarias:

1. Velas: una vela blanca y una vela naranja o amarilla.

2. Incienso: elige un aroma que te inspire y te conecte con la energía creativa, como el incienso de sándalo o jazmín.

3. Papel y bolígrafo.

4. Un cuenco con agua.

5. Cristales: elige aquellos que estimulen la creatividad, como la cornalina o la amazonita.

6. Un objeto simbólico que represente la creatividad para ti (opcional).

7. Un apagavelas.

Pasos a seguir :

Preparación:

1. Encuentra un lugar tranquilo donde puedas realizar el ritual sin interrupciones.

2. Limpia el espacio física y energéticamente utilizando el incienso. Visualiza cómo el humo purifica y llena el espacio de energía positiva.

3. Coloca las velas en un lugar seguro, con la vela blanca a tu derecha y la vela naranja o amarilla a tu izquierda.

4. Coloca el cuenco con agua cerca de las velas.

5. Si has elegido un objeto simbólico, colócalo frente a ti.

6. Tómate un momento para respirar profundamente, relajarte y conectar con tu energía creativa.

Meditación:

1. Siéntate frente a las velas, cierra los ojos y respira profundamente varias veces.

2. Visualiza un flujo de energía creativa que desciende desde el universo hacia ti, llenándote de inspiración y originalidad.

3. Siente cómo esta energía creativa fluye a través de tu ser, despertando tu imaginación y estimulando tu mente.

4. Permanece en este estado de meditación, conectando con tu creatividad y visualizando las ideas y proyectos que deseas manifestar.

Escritura de intenciones:

1. Toma el papel y el bolígrafo.

2. Escribe en el papel tus intenciones creativas de manera clara y específica. Sé detallado y utiliza palabras positivas y afirmativas.

3. Mientras escribes, visualiza cómo tus ideas cobran vida y cómo tu creatividad se expande y fluye libremente. Activación de la creatividad:

1. Toma el papel con tus intenciones escritas y sosténlo entre tus manos.

2. Visualiza cómo la energía creativa de la luna creciente fluye a través de ti y llena el papel, infundiéndolo con poder y energía para manifestar tu creatividad.

3. Enciende la vela naranja o amarilla y visualiza cómo la llama representa la chispa de la inspiración y el fuego creativo en tu interior.

4. Lee en voz alta tus intenciones, sintiendo cada palabra y creyendo en tu capacidad para manifestar tu creatividad de forma abundante y fluida.

Ceremonia final:

1. Sumerge tus dedos en el cuenco con agua y rocía unas gotas sobre el papel, simbolizando la bendición de tus intenciones con la energía de la luna creciente.

2. Agradece a la luna y a las fuerzas cósmicas por su apoyo en despertar y potenciar tu creatividad.

3. Apaga las velas con el apagavelas, agradeciendo por la energía y la luz que han aportado al ritual.

4. Recoge todas las herramientas utilizadas y agradece nuevamente por su participación en el proceso.

5. Puedes conservar el papel con tus intenciones en un lugar especial, como un altar o caja de manifestación, para recordar y fortalecer tu conexión con la creatividad.

Recuerda que la creatividad es un proceso continuo, y puedes realizar este ritual siempre que desees renovar y potenciar tu energía creativa. ¡Que tu camino esté lleno de inspiración y manifestaciones creativas!

Ritual con la Luna Creciente para fortalecer tus intenciones

Herramientas necesarias:

1. Velas: una vela blanca y una vela del color correspondiente a tu intención específica.

2. Incienso: elige un aroma que te inspire y te conecte con la energía de la Luna Creciente, como el sándalo o la lavanda.

3. Papel y bolígrafo.

4. Un cuenco con agua.

5. Cristales: selecciona aquellos que estén alineados con tu intención, como la amatista para la espiritualidad o el citrino para la abundancia.

6. Un objeto simbólico que represente tus intenciones (opcional).

7. Un apagavelas.

Pasos a seguir:

Preparación:

1. Encuentra un lugar tranquilo donde puedas realizar el ritual sin interrupciones.

2. Limpia el espacio física y energéticamente utilizando el incienso. Visualiza cómo el humo purifica y llena el espacio de energía positiva.

3. Coloca las velas en un lugar seguro, con la vela blanca a tu derecha y la vela del color correspondiente a tu intención a tu izquierda.

4. Coloca el cuenco con agua cerca de las velas.

5. Si has elegido un objeto simbólico, colócalo frente a ti.

6. Tómate un momento para respirar profundamente, relajarte y sintonizar con la energía de la Luna Creciente.

Meditación:

1. Siéntate frente a las velas, cierra los ojos y respira profundamente varias veces.

2. Visualiza la Luna Creciente en el cielo, radiante y llena de energía creciente.

3. Siente cómo esta energía lunar fluye hacia ti, fortaleciendo tus intenciones y expandiendo tu capacidad de manifestación.

4. Permanece en este estado de meditación, conectando con la energía de la Luna Creciente y visualizando tus intenciones tomando forma en tu vida.

Escritura de intenciones:

1. Toma el papel y el bolígrafo.

2. Escribe tus intenciones de manera clara y específica. Describe detalladamente lo que deseas manifestar en tu vida.

3. Mientras escribes, visualiza cómo tus intenciones se vuelven realidad y siente la emoción y la certeza de que ya están en proceso de manifestación.

Activación de las intenciones:

1. Toma el papel con tus intenciones escritas y sosténlo entre tus manos.

2. Visualiza cómo la energía de la Luna Creciente fluye a través de ti, cargando el papel con poder y fortaleza.

3. Enciende la vela del color correspondiente a tu intención y visualiza cómo la llama representa el fuego interior que impulsa la manifestación de tus deseos.

4. Lee en voz alta tus intenciones, sintiendo cada palabra y creyendo en tu capacidad de materializarlas.

Ceremonia final:

1. Sumerge tus dedos en el cuenco con agua y rocía unas gotas sobre el papel, simbolizando la bendición de tus intenciones con la energía de la Luna Creciente.

2. Agradece a la Luna, al universo y a las fuerzas cósmicas por su apoyo en el fortalecimiento de tus intenciones y su manifestación en tu vida.

3. Sopla suavemente la vela del color correspondiente a tu intención para apagarla y visualiza cómo el humo lleva tus deseos al universo.

4. Guarda el papel con tus intenciones en un lugar seguro, como un altar o un cajón especial, para mantenerlo presente en tu vida diaria.

5. Agradece nuevamente a la Luna Creciente, al universo y a todas las energías que te han acompañado durante el ritual.

6. Puedes dejar que las velas se consuman por completo o apagarlas con un apagavelas, asegurándote de hacerlo de forma segura. Recuerda que trabajar con la energía de la Luna Creciente requiere enfoque, intención y creencia en tu capacidad de manifestar tus deseos. Mantén tus intenciones en mente a lo largo del mes lunar y toma acciones concretas hacia su consecución. Observa cómo se manifiestan en tu vida y continúa trabajando en ellas durante todo el ciclo lunar.

Este ritual con la Luna Creciente es una oportunidad para conectarte con tu poder de manifestación y fortalecer tus intenciones.

A medida que profundices en tu relación con la Luna y sigas trabajando con sus energías, podrás aprovechar su influencia para lograr un mayor equilibrio, crecimiento y abundancia en tu vida.

Recuerda siempre confiar en ti mismo y en el proceso de manifestación, ya que tienes el poder de crear la vida que deseas. ¡Que la Luna Creciente ilumine tu camino y te guíe hacia el logro de tus intenciones!

Rituales de Luna Llena

En el mágico ciclo lunar, la fase de la Luna Llena representa un momento de plenitud y máxima energía. Durante este período, la luna brilla en todo su esplendor, iluminando nuestros caminos y proporcionándonos una poderosa oportunidad para la manifestación de nuestros deseos más profundos.

Más adelante, nos sumergiremos en el fascinante mundo de los rituales de Luna Llena, descubriendo cómo aprovechar su energía para alcanzar nuestras metas y celebrar nuestra transformación personal. En este capítulo, exploraremos la importancia de la Luna Llena como un momento propicio para la culminación, la celebración y la liberación. Nos adentraremos en los rituales y encantamientos que nos permitirán trabajar en armonía con la energía lunar y aprovechar su poder para manifestar nuestros deseos con mayor facilidad y efectividad.

Aprenderemos cómo crear rituales personalizados que nos ayuden a canalizar la energía de la Luna Llena de manera consciente y enfocada hacia nuestras metas y propósitos. Descubriremos la magia de los encantamientos, las visualizaciones y las prácticas rituales que nos permitirán sintonizarnos con la vibración de la Luna Llena y amplificar nuestras intenciones.

Durante este capítulo, exploraremos diversas áreas de nuestra vida en las que podemos aprovechar la energía de la Luna Llena. Desde el amor y las relaciones hasta la abundancia y la prosperidad, pasando por la sanación y el crecimiento espiritual, descubriremos cómo utilizar esta fase lunar para potenciar nuestra transformación personal en cada uno de estos aspectos.

A medida que nos sumerjamos en los rituales de Luna Llena, aprenderemos a crear un espacio sagrado donde podamos conectarnos con nuestra intuición, cultivar la gratitud y liberar aquello que ya no nos sirve. Nos adentraremos en la simbología y los significados asociados con esta fase lunar, comprendiendo cómo su energía nos afecta a nivel emocional, mental y espiritual.

Prepárate para embarcarte en un viaje de empoderamiento personal y conexión cósmica a través de los rituales de Luna Llena. En este capítulo, descubrirás cómo aprovechar la plenitud y el poder máximo de la Luna para la manifestación de tus deseos más profundos. Permítete celebrar tu transformación, elevar tus vibraciones y alcanzar tus metas con la asombrosa energía de la Luna Llena como tu guía y aliada. ¡Bienvenido a la maravillosa travesía de los rituales de Luna Llena!

Cómo aprovechar la energía de la Luna Llena para alcanzar nuestras metas

La energía de la Luna Llena es poderosa y puede ser aprovechada como una aliada en nuestro camino para alcanzar nuestras metas y deseos. Durante esta fase lunar, la Luna se encuentra en su plenitud, emanando una luz brillante y una energía intensa que nos invita a la manifestación y la culminación. A continuación, exploraremos cómo puedes aprovechar esta energía para impulsar tu camino hacia el logro de tus metas.

1. Conexión con la energía lunar: Antes de comenzar a trabajar con la energía de la Luna Llena, es importante establecer una conexión personal con ella. Busca momentos de tranquilidad para observar la Luna en su plenitud. Contempla su luz radiante y permítete sentir su energía poderosa. Puedes hacerlo desde tu ventana, en un lugar al aire libre o incluso a través de una imagen de la Luna.

Visualiza cómo su energía se funde contigo y te llena de determinación y fuerza para alcanzar tus metas.

2. Identifica tus metas: Para aprovechar la energía de la Luna Llena, es esencial tener claridad sobre cuáles son tus metas y deseos. Tómate un tiempo para reflexionar y definir qué es lo que realmente quieres manifestar en tu vida. Pueden ser metas relacionadas con tu carrera, relaciones, salud, espiritualidad o cualquier otro aspecto importante para ti. Escribe estas metas en un papel de manera clara y específica.

3. Preparación del espacio: Crea un espacio sagrado y tranquilo donde puedas realizar tu ritual o práctica durante la Luna Llena. Limpia el espacio física y energéticamente, utilizando métodos como el incienso, el palo santo o la sal marina. Puedes también colocar elementos que te conecten con la energía lunar, como imágenes de la Luna, cristales relacionados con esta fase lunar (como la selenita o la piedra de Luna) y objetos que representen tus metas y deseos.

4. Ritual de intención y visualización: Durante la noche de la Luna Llena, enciende una vela blanca en tu espacio sagrado. Siéntate en un lugar cómodo y cierra los ojos. Respira profundamente varias veces, relajando tu cuerpo y enfocando tu mente en tus metas y deseos. Visualiza con detalle cómo se verían tus metas ya cumplidas. Imagina cómo te sentirías al haber alcanzado tus metas, qué cambios se producirían en tu vida y cómo te beneficiarías de ello. Siente esa emoción y deja que se expanda en tu ser.

5. Escritura de afirmaciones: Después de la visualización, toma tu papel con las metas escritas y escribe afirmaciones poderosas que representen la manifestación de esas metas.

Utiliza palabras positivas y en tiempo presente, como (**Soy**), (**Tengo**) o (**Logro**). Por ejemplo, si tu meta es tener éxito en tu negocio, podrías escribir afirmaciones como (Soy una emprendedora exitosa) o (Atraigo oportunidades prósperas a mi negocio).

Escribe tantas afirmaciones como desees, asegurándote de que estén alineadas con tus metas y deseos más profundos.

6. Activación de las afirmaciones: Sostén el papel con las afirmaciones entre tus manos y visualiza cómo la energía de la Luna Llena fluye a través de ti y se infunde en las palabras que has escrito. Siente cómo esas afirmaciones se cargan con la poderosa energía lunar, fortaleciendo su intención y potencial para manifestarse en tu vida.

7. Encendido de la vela dorada: Enciende la vela dorada como símbolo de celebración y transformación. Observa la llama y visualiza cómo representa el poder y la luz que te acompañarán en el camino hacia la manifestación de tus metas. Si lo deseas, puedes recitar una oración o una afirmación especial en honor a la Luna Llena y a tu proceso de transformación.

8. Lectura de las afirmaciones: Lee en voz alta cada una de las afirmaciones que has escrito, sintiendo cada palabra y creyendo firmemente en su veracidad y manifestación. Permítete conectar con la emoción y la convicción de que tus metas ya están en proceso de cumplimiento. Imagina cómo cada afirmación se va materializando en tu realidad y cómo te sientes al experimentar la culminación y la celebración de tus logros.

9. Ceremonia final: Para cerrar el ritual, sumerge tus dedos en el cuenco con agua y rocía unas gotas sobre el papel con las afirmaciones. Visualiza cómo el agua sagrada bendice y potencia las palabras escritas, potenciando aún más su manifestación en tu vida. Agradece a la Luna Llena por su energía y apoyo en tu camino hacia el logro de tus metas y deseos.

10. Permite que la vela dorada se consuma por completo, o si prefieres, apágala con un apagavelas. Guarda el papel con tus afirmaciones en un lugar especial o colócalo en un altar para recordar tus metas y reforzar tu intención a lo largo del mes lunar.

Recuerda que la energía de la Luna Llena no solo se limita a una noche específica, sino que su influencia se extiende durante varios días. Mantén presente tus metas y afirma tus intenciones regularmente, aprovechando la energía de la Luna Llena en cada oportunidad que se presente.

Además de realizar este ritual específico durante la Luna Llena, puedes trabajar con la energía lunar a lo largo de todo el ciclo lunar. Observa las diferentes fases de la Luna y adapta tus prácticas según corresponda, utilizando cada fase para diferentes aspectos de tu proceso de manifestación y transformación personal.

Recuerda que el poder de la Luna Llena está dentro de ti. Aprovecha esta energía para sintonizar con tus metas, confiar en tu capacidad de manifestarlas y celebrar cada paso en tu camino hacia el éxito y la transformación personal. ¡Que la luminosidad de la Luna Llena ilumine tu sendero hacia el logro de tus sueños!

La plenitud y el poder máximo de la Luna para la manifestación de deseos

La Luna Llena, con su esplendor y luminosidad máxima, representa un momento poderoso en el ciclo lunar. Es en esta fase cuando la Luna se encuentra en su punto más brillante y redondo en el cielo nocturno, irradiando su energía y magia a nuestro alrededor. Este es un momento propicio para la manifestación de nuestros deseos más profundos y la materialización de nuestras intenciones.

La plenitud de la Luna Llena simboliza la culminación y la totalidad. Es el momento en el que la Luna alcanza su máximo potencial y nos invita a hacer lo mismo en nuestras vidas. Su luz brillante nos guía en nuestro viaje hacia la manifestación y nos recuerda que somos seres creadores capaces de convertir nuestros sueños en realidad.

En la fase de la Luna Llena, la energía lunar se encuentra en su punto álgido. Esta energía nos brinda una oportunidad única para trabajar en armonía con las fuerzas cósmicas y alinear nuestras intenciones con el flujo universal. Es un momento en el que nuestras vibraciones se elevan y nos conectamos con una frecuencia más alta, lo que facilita la materialización de nuestros deseos.

La Luna Llena nos invita a mirar hacia adentro y reflexionar sobre nuestros anhelos más profundos. Es un momento para definir claramente nuestros deseos y establecer intenciones claras y poderosas. Al hacerlo, estamos enviando un mensaje claro al universo de lo que queremos atraer a nuestras vidas.

La energía de la Luna Llena también nos brinda un impulso adicional para superar obstáculos y liberarnos de aquello que ya no nos sirve. Nos brinda la oportunidad de soltar patrones limitantes, miedos y bloqueos emocionales que podrían estar obstaculizando nuestro camino hacia la manifestación. Al aprovechar esta poderosa energía lunar, podemos deshacernos de cargas innecesarias y abrir espacio para recibir lo nuevo.

Durante la Luna Llena, la conexión con nuestro ser interior se intensifica. Podemos aprovechar esta conexión para sintonizarnos con nuestra intuición y recibir guía divina.

La claridad y la sabiduría que emergen en este momento nos ayudan a tomar decisiones más acertadas y alineadas con nuestros deseos más auténticos.

Es importante recordar que trabajar con la Luna Llena requiere enfoque y compromiso. Requiere que nos comprometamos a ser conscientes de nuestras intenciones y a alinear nuestras acciones con ellas. Al hacerlo, podemos aprovechar al máximo el poder máximo de la Luna Llena y potenciar la manifestación de nuestros deseos.

Ritual para La plenitud y el poder máximo de la Luna para la manifestación de deseos

Herramientas necesarias:

1. Velas: una vela blanca y una vela del color correspondiente a tu deseo específico.

2. Incienso: elige un aroma que te inspire y te conecte con la energía lunar, como el sándalo o el loto.

3. Papel y bolígrafo.

4. Un cuenco con agua.

5. Cristales: selecciona aquellos que estén alineados con tu deseo, como la amatista para la espiritualidad o el cuarzo rosa para el amor.

6. Un objeto simbólico que represente tu deseo.

7. Un apagavelas.

Pasos a seguir:

Preparación:

1. Encuentra un lugar tranquilo donde puedas realizar el ritual sin interrupciones.

2. Limpia el espacio física y energéticamente utilizando el incienso. Visualiza cómo el humo purifica y llena el espacio de energía positiva.

3. Coloca las velas en un lugar seguro, con la vela blanca a tu derecha y la vela del color correspondiente a tu deseo a tu izquierda.

4. Coloca el cuenco con agua cerca de las velas.

5. Coloca el objeto simbólico frente a ti.

6. Tómate un momento para respirar profundamente, relajarte y sintonizar con la energía de la Luna Llena.

Meditación:

1. Siéntate frente a las velas, cierra los ojos y respira profundamente varias veces.

2. Visualiza la Luna Llena en el cielo, radiante y llena de energía.

3. Siente cómo esta energía lunar fluye hacia ti, fortaleciendo tu conexión con la manifestación de tus deseos.

4. Permanece en este estado de meditación, conectando con la energía de la Luna y visualizando tus deseos manifestándose en tu vida.

Escritura de deseos:

1. Toma el papel y el bolígrafo.

2. Escribe tus deseos de manera clara y específica. Describe detalladamente lo que deseas manifestar en tu vida.

3. Mientras escribes, visualiza tus deseos materializándose y siente la emoción y la gratitud como si ya estuvieran presentes en tu realidad.

Activación de los deseos:

1. Toma el papel con tus deseos escritos y sosténlo entre tus manos.

2. Visualiza cómo la energía de la Luna Llena fluye a través de ti y carga el papel con poder y plenitud.

3. Enciende la vela del color correspondiente a tu deseo y visualiza cómo la llama representa el fuego interior que impulsa la manifestación de tus deseos.

4. Lee en voz alta tus deseos, sintiendo cada palabra y creyendo firmemente en tu capacidad de manifestarlos.

Ceremonia final:

1. Sumerge tus dedos en el cuenco con agua y rocía unas gotas sobre el papel, simbolizando la bendición de tus deseos con la energía de la Luna Llena.

2. Agradece a la Luna y al universo por su apoyo en la manifestación de tus deseos.

3. Deja que las velas se consuman por completo, o si es necesario apágalas utilizando el apagavelas.

4. Recoge el papel con tus deseos y guárdalo en un lugar especial, como un altar o una caja sagrada, para recordar tus intenciones y mantener la conexión con la energía de la Luna Llena.

5. Mantén una actitud de apertura y receptividad, estando atento/a a las señales y oportunidades que se presenten en tu vida para manifestar tus deseos.

6. Realiza este ritual durante las noches de Luna Llena para aprovechar al máximo su energía y potencial manifestador.

Recuerda que el poder de manifestación de la Luna Llena se fortalece cuando actúas en coherencia con tus deseos y tomas acciones concretas hacia su consecución.

¡Que la Luna Llena ilumine tu camino y te ayude a manifestar tus deseos más profundos!

Ten en cuenta que este ritual es solo una guía, y puedes adaptarlo según tus preferencias y creencias personales. Lo más importante es que te sientas conectado/a con la energía de la Luna Llena y que realices el ritual con intención y sinceridad. ¡Que tus deseos se hagan realidad bajo la luz mágica de la Luna Llena!

Encantamientos para la culminación, la celebración y la transformación personal

Herramientas necesarias:

1. Velas: una vela blanca y una vela dorada.

2. Incienso: elige un aroma que te inspire y te conecte con la energía de la Luna Llena, como el sándalo o el loto.

3. Papel y bolígrafo.

4. Un cuenco con agua.

5. Cristales: selecciona aquellos que te ayuden a cerrar ciclos y a potenciar la transformación personal, como la obsidiana o el cuarzo ahumado.

6. Un objeto simbólico que represente la culminación, la celebración y la transformación para ti (opcional).

7. Un apagavelas.

Pasos a seguir :

Preparación:

1. Encuentra un lugar tranquilo donde puedas realizar el ritual sin interrupciones.

2. Limpia el espacio física y energéticamente utilizando el incienso. Visualiza cómo el humo purifica y llena el espacio de energía positiva.

3. Coloca las velas en un lugar seguro, con la vela blanca a tu derecha y la vela dorada a tu izquierda.

4. Coloca el cuenco con agua cerca de las velas.

5. Si has elegido un objeto simbólico, colócalo frente a ti.

6. Tómate un momento para respirar profundamente, relajarte y sintonizar con la energía de la Luna Llena y la culminación.

Meditación:

1. Siéntate frente a las velas, cierra los ojos y respira profundamente varias veces.

2. Visualiza la Luna Llena en el cielo, brillante y radiante. Siente su energía poderosa y transformadora.

3. Siente cómo esa energía lunar llena tu ser, permitiendo la culminación de etapas, la celebración de logros y la transformación personal.

4. Permanece en este estado de meditación, conectando con la energía de la Luna Llena y visualizando cómo te envuelve y te impulsa hacia la culminación y la celebración de tus metas y deseos.

Escritura de afirmaciones:

1. Toma el papel y el bolígrafo.

2. Escribe afirmaciones poderosas que representen tu culminación, celebración y transformación personal. Por ejemplo, (He culminado con éxito _____).

Celebro mi crecimiento y transformación "Me abro a nuevas oportunidades de desarrollo y expansión"

3. Mientras escribes, visualiza cómo estas afirmaciones se hacen realidad en tu vida y siente la gratitud y la alegría que te produce la culminación y la transformación.

Activación de las afirmaciones:

1. Toma el papel con tus afirmaciones escritas y sosténlo entre tus manos.

2. Visualiza cómo la energía de la Luna Llena fluye a través de ti, cargando el papel con su poder y magia.

3. Enciende la vela dorada y visualiza cómo su llama representa la culminación, la celebración y la transformación en tu vida.

4. Lee en voz alta tus afirmaciones, sintiendo cada palabra y creyendo firmemente en su veracidad y manifestación.

5. Coloca el papel cerca de las velas para que siga recibiendo la energía de la celebración y la transformación.

Ceremonia de culminación y celebración:

1. Sostén los cristales en tus manos y siente su energía. Visualiza cómo te ayudan a cerrar ciclos y a abrirte a nuevas oportunidades de transformación personal.

2. Coloca los cristales alrededor de las velas, formando un círculo que simbolice la culminación y la manifestación de tus deseos.

3. Si has elegido un objeto simbólico, colócalo en el centro del círculo de cristales.

4. Enciende la vela blanca y visualiza cómo su luz ilumina tu camino, guiándote hacia la culminación y la celebración de tus logros.

5. Lee en voz alta tus afirmaciones nuevamente, esta vez como una declaración de culminación y celebración.

6. Siente la energía de gratitud y alegría por todo lo que has logrado hasta ahora y por las bendiciones que están por venir.

7. Deja que las velas se consuman por completo o apágalas con el apagavelas si es necesario.

Cierre del ritual:

8. Agradece a la Luna Llena y al universo por su apoyo en tu proceso de culminación, celebración y transformación personal.

9. Recoge los cristales y colócalos en un lugar especial, como un altar o tu espacio sagrado, para recordar siempre tu compromiso de crecimiento y transformación.

10. Guarda el papel con tus afirmaciones en un lugar seguro o quémalo como símbolo de liberación y manifestación de tus deseos.

11. Despide el ritual con gratitud y la certeza de que estás en el camino de la culminación, la celebración y la transformación personal.

Utilizando la energía de la Luna en disminución para liberar y soltar lo que ya no necesitas

La Luna Menguante es la fase lunar que ocurre entre la Luna Llena y la Luna Nueva. Es el momento en el que la Luna va disminuyendo su luz y su tamaño, preparándose para un nuevo ciclo. Esta fase lunar representa un momento de introspección, reflexión y liberación. Es el momento ideal para soltar lo que ya no nos sirve y hacer espacio para lo nuevo.

Durante la Luna Menguante, la energía lunar nos invita a mirar hacia adentro y evaluar nuestra vida. Nos ayuda a identificar aquello que nos impide avanzar, como hábitos, creencias, emociones o relaciones que ya no nos aportan nada positivo. Nos brinda la oportunidad de deshacernos de todo aquello que nos pesa, nos limita o nos genera conflicto.

Al aprovechar la energía de la Luna Menguante, podemos liberarnos de cargas innecesarias y crear un vacío que nos permita recibir nuevas oportunidades y experiencias. Podemos cerrar ciclos y dejar ir lo que ya cumplió su propósito en nuestra vida. Podemos sanar heridas y perdonar lo que nos hizo daño. Podemos renovarnos y transformarnos internamente.

Para trabajar con la energía de la Luna Menguante, podemos realizar rituales y encantamientos que nos ayuden a soltar y liberar lo que ya no necesitamos. Podemos utilizar elementos como el fuego, el agua o el aire para simbolizar la purificación y la limpieza de nuestra energía. Podemos escribir cartas de despedida, quemar objetos o papeles, hacer baños de sal o meditar con intención de liberación.

Al realizar estos rituales, estamos enviando un mensaje al universo de que estamos listos para dejar ir lo viejo y abrirnos a lo nuevo. Estamos creando un espacio sagrado donde podemos expresar nuestros sentimientos, agradecer por las lecciones aprendidas y soltar con amor y gratitud. Estamos reconociendo nuestro poder personal y nuestra capacidad de transformación.

Recuerda que trabajar con la Luna Menguante requiere honestidad y valentía. Requiere que te enfrentes a tus sombras y reconozcas lo que ya no te hace feliz. Requiere que te desprendas de lo que te ata al pasado y te impide crecer. Requiere que confíes en el proceso de cambio y renovación.

Cómo aprovechar la energía de la Luna Menguante para soltar y liberar lo que ya no necesitas

La energía de la Luna Menguante es poderosa y puede ser aprovechada como una aliada en nuestro proceso de soltar y liberar lo que ya no nos sirve ni nos hace feliz. Durante esta fase lunar, la Luna va disminuyendo su luz y su tamaño, preparándose para un nuevo ciclo.

Esta fase lunar representa un momento de introspección, reflexión y liberación. A continuación, exploraremos cómo puedes aprovechar esta energía para deshacerte de todo aquello que te pesa, te limita o te genera conflicto.

1. Conexión con la energía lunar: Antes de comenzar a trabajar con la energía de la Luna Menguante, es importante establecer una conexión personal con ella. Busca momentos de tranquilidad para observar la Luna en su disminución. Contempla su luz menguante y permítete sentir su energía liberadora. Puedes hacerlo desde tu ventana, en un lugar al aire libre o incluso a través de una imagen de la Luna. Visualiza cómo su energía te ayuda a soltar y liberar lo que ya no te sirve ni te hace feliz.

2. Identifica lo que quieres soltar y liberar: Para aprovechar la energía de la Luna Menguante, es esencial tener claridad sobre qué es lo que quieres soltar y liberar de tu vida. Tómate un tiempo para reflexionar y definir qué es lo que ya no te aporta nada positivo o te hace daño. Puede ser una situación, una persona, una emoción, un hábito o cualquier otra cosa que ya no te beneficie. Escribe esto en un papel de manera clara y específica.

3. Preparación del espacio: Crea un espacio sagrado y tranquilo donde puedas realizar tu ritual o práctica durante la Luna Menguante. Limpia el espacio física y energéticamente, utilizando métodos como el incienso, el palo santo o la sal marina. Puedes también colocar elementos que te conecten con la energía lunar, como imágenes de la Luna, cristales relacionados con esta fase lunar (como el ónix o la turmalina negra) y objetos que representen lo que quieres soltar y liberar.

4. Ritual de intención y visualización: Durante la noche de la Luna Menguante, enciende una vela negra en tu espacio sagrado. Siéntate en un lugar cómodo y cierra los ojos. Respira profundamente varias veces, relajando tu cuerpo y enfocando tu mente en lo que quieres soltar y liberar. Visualiza con detalle cómo te desprendes de todo aquello que ya no te sirve ni te hace feliz. Imagina cómo te sientes al haber soltado y liberado todo eso, qué cambios se producen en tu vida y cómo te beneficias de ello. Siente esa liberación y deja que se expanda en tu ser.

5. Escritura de liberación: Después de la visualización, toma tu papel con lo que quieres soltar y liberar escrito y escribe palabras o frases que representen tu intención de soltar y liberar eso. Utiliza palabras positivas y en tiempo presente, como "Suelto", "Libero" o "Dejo ir". Por ejemplo, si quieres soltar una relación tóxica, podrías escribir palabras o frases como "Suelto esta relación con amor y gratitud" o "Libero el resentimiento y el dolor que me causó esta relación". Escribe tantas palabras o frases como desees, asegurándote de que estén alineadas con lo que quieres soltar y liberar.

6. Activación de la liberación: Sostén el papel con las palabras o frases de liberación entre tus manos y visualiza cómo la energía de la Luna Menguante fluye a través de ti y se infunde en el papel, potenciando tu intención de soltar y liberar.

7. Quema el papel con la vela negra como símbolo de purificación y transformación. Observa el fuego y visualiza cómo representa el poder y la luz que te ayudan a soltar y liberar lo que ya no te sirve ni te hace feliz. Si lo deseas, puedes recitar una oración o una afirmación especial en honor a la Luna Menguante y a tu proceso de liberación.

8. Agradece a la Luna Menguante por su energía y apoyo en tu proceso de soltar y liberar. Deja que la vela se consuma por completo o apágala con un apagavelas. Recuerda que la energía de la Luna Menguante no solo se limita a una noche específica, sino que su influencia se extiende durante varios días. Mantén presente lo que quieres soltar y liberar y afirma tu intención regularmente, aprovechando la energía de la Luna Menguante en cada oportunidad que se presente.

Además de realizar este ritual específico durante la Luna Menguante, puedes trabajar con la energía lunar a lo largo de todo el ciclo lunar. Observa las diferentes fases de la Luna y adapta tus prácticas según corresponda, utilizando cada fase para diferentes aspectos de tu proceso de soltar, liberar y transformarte.

Recuerda que el poder de la Luna Menguante está dentro de ti. Aprovecha esta energía para soltar y liberar lo que ya no te sirve ni te hace feliz, confiar en tu capacidad de transformarte y celebrar cada paso en tu camino hacia el bienestar y la armonía. ¡Que la luminosidad de la Luna Menguante ilumine tu sendero hacia la liberación!

Encantamientos para el desapego, la sanación y la renovación interna

Los encantamientos son también palabras o frases que expresan una intención mágica y que se repiten con fe y convicción para potenciar su efecto. Los encantamientos pueden ser utilizados para diversos fines, como atraer el amor, la prosperidad, la protección o la salud. En este caso, nos enfocaremos en los encantamientos para el desapego, la sanación y la renovación interna.

Los encantamientos para el desapego nos ayudan a soltar y liberar aquello que ya no nos sirve o nos hace daño. Nos ayudan a cerrar ciclos y dejar ir lo que ya cumplió su propósito en nuestra vida. Nos ayudan a crear espacio para lo nuevo y a abrirnos a las oportunidades que nos ofrece el universo.

Los encantamientos para la sanación nos ayudan a curar nuestras heridas físicas, emocionales, mentales o espirituales. Nos ayudan a restaurar nuestro equilibrio y armonía interna. Nos ayudan a perdonarnos a nosotros mismos y a los demás por los errores cometidos. Nos ayudan a recuperar nuestra salud y bienestar.

Los encantamientos para la renovación interna nos ayudan a transformarnos y renovarnos desde dentro. Nos ayudan a cambiar nuestros patrones, creencias y actitudes que nos limitan o nos impiden crecer. Nos ayudan a desarrollar nuevas habilidades, talentos y capacidades. Nos ayudan a reinventarnos y a crear una nueva versión de nosotros mismos.

Para realizar estos encantamientos, podemos utilizar diferentes métodos, como recitarlos en voz alta, escribirlos en un papel, grabarlos en un objeto o repetirlos mentalmente. Podemos acompañarlos de elementos como velas, cristales, hierbas o aceites esenciales que refuercen su intención. Podemos realizarlos durante la Luna Menguante, cuando su energía nos favorece para soltar, sanar y renovarnos.

A continuación, te presentamos algunos encantamientos que puedes usar o adaptar según tu necesidad:

Encantamientos para el desapego:

• Suelto y libero lo que ya no me sirve ni me hace feliz.

• Dejo ir con amor y gratitud lo que ya cumplió su propósito en mi vida.

• Me desprendo de lo que me ata al pasado y me impide avanzar.

• Abro espacio en mi vida para recibir lo nuevo y lo mejor.

• Confío en el proceso de cambio y renovación.

Encantamientos para la sanación:

• Curo mis heridas físicas, emocionales, mentales y espirituales.

• Restauro mi equilibrio y armonía interna.

• Me perdono a mí mismo/a y a los demás por los errores cometidos.

• Recupero mi salud y bienestar.

• Me lleno de luz y amor.

Encantamientos para la renovación interna:

• Me transformo y renuevo desde dentro.

• Cambio mis patrones, creencias y actitudes que me limitan o me impiden crecer.

• Desarrollo nuevas habilidades, talentos y capacidades.

• Me reinvento y creo una nueva versión de mí mismo/a.

• Me abro al aprendizaje y al crecimiento.

Recuerda que los encantamientos son más efectivos cuando los realizas con fe, convicción y emoción. Repite los encantamientos tantas veces como sea necesario, hasta que sientas que han penetrado en tu subconsciente. Visualiza el resultado que deseas obtener mientras recitas los encantamientos. Siente cómo tu energía se alinea con la energía de la Luna Menguante y cómo se potencia tu intención.

Ritual para soltar y liberar lo que ya no te sirve ni te hace feliz

Herramientas necesarias:

1. Velas: una vela negra y una vela blanca.

2. Incienso: elige un aroma que te ayude a limpiar y purificar tu energía, como el romero o la salvia.

3. Papel y bolígrafo.

4. Un cuenco con agua y sal marina.

5. Cristales: selecciona aquellos que te ayuden a soltar y liberar, como el ónix o la turmalina negra.

6. Un objeto o papel que represente aquello que quieres soltar y liberar.

7. Un apagavelas.

Pasos a seguir:

Preparación:

1. Encuentra un lugar tranquilo donde puedas realizar el ritual sin interrupciones.

2. Limpia el espacio física y energéticamente utilizando el incienso. Visualiza cómo el humo elimina las energías negativas y las reemplaza por energías positivas.

3. Coloca las velas en un lugar seguro, con la vela negra a tu izquierda y la vela blanca a tu derecha.

4. Coloca el cuenco con agua y sal marina cerca de las velas. La sal marina es un elemento que ayuda a limpiar y purificar la energía.

5. Coloca el objeto o papel que represente aquello que quieres soltar y liberar, colócalo frente a ti.

6. Tómate un momento para respirar profundamente, relajarte y sintonizar con la energía de la Luna Menguante.

Meditación:

1. Siéntate frente a las velas, cierra los ojos y respira profundamente varias veces.

2. Visualiza la Luna Menguante en el cielo, disminuyendo su luz y su tamaño, preparándose para un nuevo ciclo.

3. Siente cómo esta energía lunar te invita a soltar y liberar lo que ya no te sirve ni te hace feliz. Siente cómo te ayuda a cerrar ciclos y dejar ir lo que ya cumplió su propósito en tu vida.

4. Permanece en este estado de meditación, conectando con la energía de la Luna y visualizando cómo te liberas de todo aquello que te pesa, te limita o te genera conflicto.

Escritura de liberación:

1. Toma el papel y el bolígrafo.

2. Escribe aquello que quieres soltar y liberar de tu vida. Puede ser una situación, una persona, una emoción, un hábito o cualquier otra cosa que ya no te aporte nada positivo.

3. Mientras escribes, visualiza cómo te desprendes de todo aquello que has escrito y siente la liberación y el alivio que experimentas al hacerlo.

Activación de la liberación:

1. Toma el papel con lo que quieres soltar y liberar escrito y sosténlo entre tus manos.

2. Visualiza cómo la energía de la Luna Menguante fluye a través de ti y se infunde en el papel, potenciando tu intención de soltar y liberar.

3. Enciende la vela negra y visualiza cómo la llama representa el fuego purificador que quema todo lo negativo y lo transforma en positivo.

4. Quema el papel con la vela negra, simbolizando la liberación de todo aquello que has escrito. Deja que el papel se consuma por completo en el cuenco con agua y sal marina, evitando cualquier riesgo de incendio.

5. Si has elegido un objeto o papel que represente aquello que quieres soltar y liberar, quémalo también con la vela negra y déjalo consumir en el cuenco con agua y sal marina.

Ceremonia final:

1. Enciende la vela blanca y visualiza cómo la llama representa la luz y la paz que te llenan después de haber soltado y liberado lo que ya no te servía ni te hacía feliz.

2. Agradece a la Luna Menguante por su energía y apoyo en tu proceso de liberación y transformación.

3. Deja que las velas se consuman por completo, o si es necesario apágalas utilizando el apagavelas.

4. Deshazte del papel y el objeto quemados, enterrándolos en la tierra, tirándolos al mar o al río, o depositándolos en la basura. Al hacerlo, estás cortando el lazo energético con aquello que has soltado y liberado.

5. Mantén una actitud de apertura y receptividad, estando atento/a a las señales y oportunidades que se presenten en tu vida para recibir lo nuevo y lo mejor.

6. Realiza este ritual durante las noches de Luna Menguante para aprovechar al máximo su energía y potencial liberador. Recuerda que el poder de liberación de la Luna Menguante se fortalece cuando actúas en coherencia con tu intención y tomas acciones concretas hacia tu transformación.

¡Que la Luna Menguante te libere!

Ritual para la sanación y el perdón con la Luna Menguante

Herramientas necesarias:

1. Velas: una vela morada y una vela verde.

2. Incienso: elige un aroma que te ayude a sanar y perdonar, como el lavanda o el mirra.

3. Papel y bolígrafo.

4. Un cuenco con agua y pétalos de rosa.

5. Cristales: selecciona aquellos que te ayuden a sanar y perdonar, como el cuarzo rosa o la amatista.

6. Una foto o un papel con el nombre de la persona que quieres sanar y perdonar (opcional).

7. Un apagavelas.

Pasos a seguir:

Preparación:

1. Encuentra un lugar tranquilo donde puedas realizar el ritual sin interrupciones.

2. Limpia el espacio física y energéticamente utilizando el incienso. Visualiza cómo el humo elimina las energías negativas y las reemplaza por energías positivas.

3. Coloca las velas en un lugar seguro, con la vela morada a tu izquierda y la vela verde a tu derecha.

4. Coloca el cuenco con agua y pétalos de rosa cerca de las velas. Los pétalos de rosa son un elemento que ayuda a sanar y perdonar el corazón.

5. Si has elegido una foto o un papel con el nombre de la persona que quieres sanar y perdonar, colócalo frente a ti.

6. Tómate un momento para respirar profundamente, relajarte y sintonizar con la energía de la Luna Menguante.

Meditación:

1. Siéntate frente a las velas, cierra los ojos y respira profundamente varias veces.

2. Visualiza la Luna Menguante en el cielo, disminuyendo su luz y su tamaño, preparándose para un nuevo ciclo.

3. Siente cómo esta energía lunar te invita a sanar y perdonar las heridas que puedes tener en tu corazón. Siente cómo te ayuda a cerrar ciclos y dejar ir lo que ya no te hace bien.

4. Permanece en este estado de meditación, conectando con la energía de la Luna y visualizando cómo te sanas y perdonas a ti mismo/a y a los demás.

Escritura de sanación y perdón:

1. Toma el papel y el bolígrafo.

2. Escribe una carta de sanación y perdón dirigida a ti mismo/a o a la persona que quieres sanar y perdonar. Expresa tus sentimientos, tus dolores, tus errores y tus lecciones aprendidas. Expresa tu deseo de sanar y perdonar, de liberarte del resentimiento y la culpa, de restaurar la paz y la armonía en tu corazón.

3. Mientras escribes, visualiza cómo te liberas de todo aquello que has escrito y siente la sanación y el perdón que experimentas al hacerlo.

Activación de la sanación y el perdón:

1. Toma el papel con la carta de sanación y perdón escrita y sosténlo entre tus manos.

2. Visualiza cómo la energía de la Luna Menguante fluye a través de ti y se infunde en el papel, potenciando tu intención de sanar y perdonar.

3. Enciende la vela morada y visualiza cómo la llama representa el fuego purificador que quema todo lo negativo y lo transforma en positivo.

4. Quema el papel con la vela morada, simbolizando la liberación de todo aquello que has escrito. Deja que el papel se consuma por completo en el cuenco con agua y pétalos de rosa, evitando cualquier riesgo de incendio.

5. Si has elegido una foto o un papel con el nombre de la persona que quieres sanar y perdonar, quémalo también con la vela morada y déjalo consumir en el cuenco con agua y pétalos de rosa.

Ceremonia final:

1. Enciende la vela verde y visualiza cómo la llama representa la luz y la paz que te llenan después de haber sanado y perdonado. Siente cómo tu corazón se abre y se llena de amor.

Ritual para el perdón y la autoestima con la Luna Menguante

Herramientas necesarias:

1. Velas: una vela blanca y una vela naranja.

2. Incienso: elige un aroma que te ayude a perdonarte y a valorarte, como el sándalo o el jazmín.

3. Papel y bolígrafo.

4. Un cuenco con sal marina y agua.

5. Cristales: selecciona aquellos que te ayuden a perdonarte y a valorarte, como el citrino o el ojo de tigre.

6. Un espejo pequeño o un objeto que refleje tu imagen.

7. Un apagavelas.

Pasos a seguir:

Preparación:

1. Encuentra un lugar tranquilo donde puedas realizar el ritual sin interrupciones.

2. Limpia el espacio física y energéticamente utilizando el incienso. Visualiza cómo el humo elimina las energías negativas y las reemplaza por energías positivas.

3. Coloca las velas en un lugar seguro, con la vela blanca a tu izquierda y la vela naranja a tu derecha.

4. Coloca el cuenco con sal marina y agua cerca de las velas. La sal marina es un elemento que ayuda a limpiar y purificar las energías, mientras que el agua representa las emociones y los sentimientos.

5. Coloca el espejo o un objeto que refleje tu imagen, colócalo frente a ti.

6. Tómate un momento para respirar profundamente, relajarte y sintonizar con la energía de la Luna Menguante.

Meditación:

1. Siéntate frente a las velas, cierra los ojos y respira profundamente varias veces.

2. Visualiza la Luna Menguante en el cielo, disminuyendo su luz y su tamaño, preparándose para un nuevo ciclo.

3. Siente cómo esta energía lunar te ayuda a soltar y liberar lo que te impide perdonarte y valorarte por lo que eres, por lo que has hecho y por lo que puedes hacer. Siente cómo te ayuda a cerrar ciclos y dejar ir lo que ya no te hace bien.

4. Permanece en este estado de meditación, conectando con la energía de la Luna y visualizando cómo te perdonas y te valoras.

Escritura de perdón y autoestima:

1. Toma el papel y el bolígrafo.

2. Escribe una carta de perdón y autoestima dirigida a ti mismo/a. Expresa tus sentimientos, tus dolores, tus errores y tus lecciones aprendidas. Expresa tu deseo de perdonarte y valorarte, de liberarte del resentimiento y la culpa, de restaurar la paz y la armonía en tu corazón.

3. Mientras escribes, visualiza cómo te liberas de todo aquello que has escrito y siente el perdón y la autoestima que experimentas al hacerlo.

Activación del perdón y la autoestima:

1. Toma el papel con la carta de perdón y autoestima escrita y sosténlo entre tus manos.

2. Visualiza cómo la energía de la Luna Menguante fluye a través de ti y se infunde en el papel, potenciando tu intención de perdonarte y valorarte.

3. Enciende la vela blanca y visualiza cómo la llama representa el fuego purificador que quema todo lo negativo y lo transforma en positivo.

4. Quema el papel con la vela blanca, simbolizando la liberación de todo aquello que has escrito. Deja que el papel se consuma por completo en el cuenco con sal marina y agua, evitando cualquier riesgo de incendio.

5. Si has elegido un espejo o un objeto que refleje tu imagen, mírate en él con amor y compasión.

Ceremonia final:

1. Enciende la vela naranja y visualiza cómo la llama representa la luz y la paz que te llenan después de haber perdonado y valorado. Siente cómo tu corazón se abre y se llena de amor propio.

2. Agradece a la Luna Menguante por su energía y apoyo en tu proceso de perdón y autoestima.

3. Deja que las velas se consuman por completo, o si es necesario apágalas utilizando el apagavelas.

4. Deshazte del papel quemado, enterrándolo en la tierra, tirándolo al mar o al río, o depositándolo en la basura. Al hacerlo, estás cortando el lazo energético con aquello que has perdonado y valorado.

5. Mantén una actitud de apertura y receptividad, prestando atención a las señales y oportunidades que se presenten en tu vida para vivir con más amor propio y armonía.

6. Realiza este ritual durante las noches de Luna Menguante, hasta que sientas que has completado tu proceso de perdón y autoestima.

Ritual para la renovación y la transformación interna con la Luna Menguante

Herramientas necesarias:

1. Velas: una vela azul y una vela blanca.

2. Incienso: elige un aroma que te ayude a renovar y transformar tu energía, como el menta o el eucalipto.

3. Papel y bolígrafo.

4. Un cuenco con agua.

5. Cristales: selecciona aquellos que te ayuden a renovar y transformar tu ser, como el lapislázuli o la sodalita.

6. Una mariposa de papel o de tela.

7. Un apagavelas.

Pasos a seguir:

Preparación:

1. Encuentra un lugar tranquilo donde puedas realizar el ritual sin interrupciones.

2. Limpia el espacio física y energéticamente utilizando el incienso. Visualiza cómo el humo elimina las energías estancadas y las reemplaza por energías renovadas.

3. Coloca las velas en un lugar seguro, con la vela azul a tu izquierda y la vela blanca a tu derecha.

4. Coloca el cuenco con agua cerca de las velas.

5. Coloca la mariposa de papel o de tela, frente a ti. La mariposa es un símbolo de renovación y transformación.

6. Tómate un momento para respirar profundamente, relajarte y sintonizar con la energía de la Luna Menguante.

Meditación:

1. Siéntate frente a las velas, cierra los ojos y respira profundamente varias veces.

2. Visualiza la Luna Menguante en el cielo, disminuyendo su luz y su tamaño, preparándose para un nuevo ciclo.

3. Siente cómo esta energía lunar te invita a renovar y transformar tu ser desde dentro. Siente cómo te ayuda a cambiar tus patrones, creencias y actitudes que te limitan o te impiden crecer.

4. Permanece en este estado de meditación, conectando con la energía de la Luna y visualizando cómo te renuevas y transformas internamente.

Escritura de renovación y transformación:

1. Toma el papel y el bolígrafo.

2. Escribe lo que quieres renovar o transformar en ti mismo/a. Puede ser un aspecto de tu personalidad, una forma de pensar, una manera de actuar o cualquier otra cosa que quieras mejorar o cambiar en tu ser.

3. Mientras escribes, visualiza cómo te desprendes de todo aquello que ya no te beneficia ni te hace feliz y siente la renovación y la transformación que experimentas al hacerlo.

Activación de la renovación y transformación:

1. Toma el papel con lo que quieres renovar o transformar escrito y sosténlo entre tus manos.

2. Visualiza cómo la energía de la Luna Menguante fluye a través de ti y se infunde en el papel, potenciando tu intención de renovar y transformar tu ser.

3. Enciende la vela azul y visualiza cómo la llama representa el fuego purificador que quema todo lo negativo y lo transforma en positivo.

4. Quema el papel con la vela azul, simbolizando la liberación de todo aquello que has escrito. Deja que el papel se consuma por completo en el cuenco con agua, evitando cualquier riesgo de incendio.

Ceremonia final:

1. Enciende la vela blanca y visualiza cómo la llama representa la luz y la paz que te llenan después de haber renovado y transformado tu ser desde dentro. Siente cómo tu ser se abre y se llena de nuevas posibilidades y oportunidades.

2. Si has elegido una mariposa de papel o de tela, tómala entre tus manos y visualiza cómo representa tu proceso de renovación y transformación interna. Imagina que eres como una mariposa que sale de su capullo y extiende sus alas para volar libremente.

3. Agradece a la Luna Menguante por su energía y apoyo en tu proceso de renovación y transformación interna.

4. Deja que las velas se consuman por completo, o si es necesario apágalas utilizando el apagavelas.

5. Deshazte del papel quemado, enterrándolo en la tierra, tirándolo al mar o al río, o depositándolo en la basura. Al hacerlo, estás cortando el lazo energético con aquello que has renovado y transformado.

6. Mantén una actitud de apertura y receptividad, estando atento/a a las señales y oportunidades que se presenten en tu vida para vivir con más plenitud y armonía.

7. Realiza este ritual durante las noches de Luna Menguante para aprovechar al máximo su energía y potencial renovador.

Recuerda que el poder de renovación y transformación de la Luna Menguante se fortalece cuando actúas en coherencia con tu intención y tomas acciones concretas hacia tu crecimiento.

Ritual para la protección y la limpieza energética con la Luna Menguante

Herramientas necesarias:

1. Velas: una vela negra y una vela blanca.

2. Incienso: elige un aroma que te ayude a limpiar y proteger tu energía, como el ruda o el romero.

3. Sal marina.

4. Un cuenco con agua y pétalos de caléndula.

5. Cristales: selecciona aquellos que te ayuden a limpiar y proteger tu energía, como el turmalina negra o la hematita.

6. Una pluma de ave o recorte de papel con una pluma de ave.

7. Un apagavelas.

Pasos a seguir:

Preparación:

1. Encuentra un lugar tranquilo donde puedas realizar el ritual sin interrupciones.

2. Limpia el espacio física y energéticamente utilizando el incienso. Visualiza cómo el humo elimina las energías negativas y las reemplaza por energías positivas.

3. Coloca las velas en un lugar seguro, con la vela negra a tu izquierda y la vela blanca a tu derecha.

4. Coloca el cuenco con agua y pétalos de caléndula cerca de las velas. Los pétalos de caléndula son un elemento que ayuda a limpiar y proteger la energía.

5. Coloca la pluma de ave o el recorte de papel de la pluma de ave frente a ti. La pluma de ave es un símbolo de protección y libertad.

6. Tómate un momento para respirar profundamente, relajarte y sintonizar con la energía de la Luna Menguante.

Meditación:

1. Siéntate frente a las velas, cierra los ojos y respira profundamente varias veces.

2. Visualiza la Luna Menguante en el cielo, disminuyendo su luz y su tamaño, preparándose para un nuevo ciclo.

3. Siente cómo esta energía lunar te invita a limpiar y proteger tu energía de todo aquello que pueda afectarte negativamente. Siente cómo te ayuda a eliminar las impurezas y las interferencias de tu campo energético.

4. Permanece en este estado de meditación, conectando con la energía de la Luna y visualizando cómo te limpias y proteges energéticamente.

Limpieza y protección energética:

1. Toma el cuenco con agua y pétalos de caléndula y sumerge los cristales en el agua. Visualiza cómo el agua y los pétalos limpian los cristales de cualquier energía negativa que puedan tener.

2. Saca los cristales del agua y sécalos con un paño limpio. Colócalos en la bolsita de tela blanca y ciérrala bien.

3. Sostén la bolsita entre tus manos y visualiza cómo la energía de la Luna Menguante fluye a través de ti y se infunde en los cristales, potenciando su poder de limpieza y protección.

4. Enciende la vela negra y visualiza cómo la llama representa el fuego purificador que quema todo lo negativo y lo transforma en positivo.

5. Pasa la bolsita por encima de la llama, con cuidado de no quemarte ni quemar la bolsita, simbolizando la limpieza y protección de tu energía con el fuego.

Ceremonia final:

1. Enciende la vela blanca y visualiza cómo la llama representa la luz y la paz que te llenan después de haber limpiado y protegido tu energía. Siente cómo tu energía se equilibra y armoniza.

2. Toma la pluma de ave entre tus manos y visualiza cómo representa tu conexión con el universo y tu libertad para vivir sin miedos ni ataduras.

3. Agradece a la Luna Menguante por su energía y apoyo en tu proceso de limpieza y protección energética.

4. Deja que las velas se consuman por completo, o si es necesario apágalas utilizando el apagavelas.

5. Lleva la bolsita con los cristales contigo como un amuleto de limpieza y protección. Puedes colocarla en tu bolso, en tu coche, en tu casa o en cualquier lugar donde quieras sentir su energía.

6. Mantén una actitud de apertura y receptividad, prestando mucha atención a las señales y oportunidades que se presenten en tu vida para vivir con más plenitud y armonía.

7. Realiza este ritual durante las noches de Luna Menguante para aprovechar al máximo su energía y potencial limpiador y protector. ¡Que la Luna Menguante te limpie y te proteja!

Ritual para la renovación interna con la Luna Menguante

Herramientas necesarias:

1. Velas: una vela naranja y una vela blanca.

2. Incienso: elige un aroma que te ayude a renovar tu energía, como el limón o el jazmín.

3. Papel y bolígrafo.

4. Un cuenco con agua y hojas de menta.

5. Cristales: selecciona aquellos que te ayuden a renovar tu ser, como el ágata o el citrino.

6. Una semilla de una planta que te guste.

7. Un apagavelas.

Pasos a seguir:

Preparación:

1. Encuentra un lugar tranquilo donde puedas realizar el ritual sin interrupciones.

2. Limpia el espacio física y energéticamente utilizando el incienso. Visualiza cómo el humo elimina las energías estancadas y las reemplaza por energías renovadas.

3. Coloca las velas en un lugar seguro, con la vela naranja a tu izquierda y la vela blanca a tu derecha.

4. Coloca el cuenco con agua y hojas de menta cerca de las velas. Las hojas de menta son un elemento que ayuda a renovar la energía.

5. Coloca la semilla de una planta que te guste, colócala frente a ti. La semilla es un símbolo de renovación y crecimiento.

6. Tómate un momento para respirar profundamente, relajarte y sintonizar con la energía de la Luna Menguante.

Meditación:

1. Siéntate frente a las velas, cierra los ojos y respira profundamente varias veces.

2. Visualiza la Luna Menguante en el cielo, disminuyendo su luz y su tamaño, preparándose para un nuevo ciclo.

3. Siente cómo esta energía lunar te invita a renovar tu ser desde dentro. Siente cómo te ayuda a cambiar tus patrones, creencias y actitudes que te limitan o te impiden crecer.

4. Permanece en este estado de meditación, conectando con la energía de la Luna y visualizando cómo te renuevas internamente.

Escritura de renovación:

1. Toma el papel y el bolígrafo.

2. Escribe lo que quieres renovar en ti mismo/a. Puede ser un aspecto de tu personalidad, una forma de pensar, una manera de actuar o cualquier otra cosa que quieras mejorar o cambiar en tu ser.

3. Mientras escribes, visualiza cómo te desprendes de todo aquello que ya no te beneficia ni te hace feliz y siente la renovación que experimentas al hacerlo.

Activación de la renovación:

1. Toma el papel con lo que quieres renovar escrito y sosténlo entre tus manos.

2. Visualiza cómo la energía de la Luna Menguante fluye a través de ti y se infunde en el papel, potenciando tu intención de renovar tu ser.

3. Enciende la vela naranja y visualiza cómo la llama representa el fuego purificador que quema todo lo negativo y lo transforma en positivo.

4. Quema el papel con la vela naranja, simbolizando la liberación de todo aquello que has escrito. Deja que el papel se consuma por completo en el cuenco con agua y hojas de menta, evitando cualquier riesgo de incendio.

Ceremonia final:

1. Enciende la vela blanca y visualiza cómo la llama representa la luz y la paz que te llenan después de haber renovado tu ser desde dentro. Siente cómo tu ser se abre y se llena de nuevas posibilidades y oportunidades.

2. Si has elegido una semilla de una planta que te guste, tómala entre tus manos y visualiza cómo representa tu proceso de renovación interna. Imagina que eres como una semilla que germina y crece hacia su máximo potencial.

3. Agradece a la Luna Menguante por su energía y apoyo en tu proceso de renovación interna.

4. Deja que las velas se consuman por completo, o si es necesario apágalas utilizando el apagavelas.

5. Deshazte del papel quemado, enterrándolo en la tierra, tirándolo al mar o al río, o depositándolo en la basura. Al hacerlo, estás cortando el lazo energético con aquello que has renovado.

6. Planta la semilla en una maceta o en un lugar donde pueda crecer y cuida de ella como un símbolo de tu renovación interna. Observa cómo crece y florece junto contigo.

7. Mantén una actitud de apertura y receptividad, estando atento/a a las señales y oportunidades que se presenten en tu vida para vivir con más plenitud y armonía.

8. Realiza este ritual durante las noches de Luna Menguante para aprovechar al máximo su energía y potencial renovador.

Recuerda que el poder de renovación de la Luna Menguante se fortalece cuando actúas en coherencia con tu intención y tomas acciones concretas hacia tu crecimiento.

Cómo trabajar con la Luna Menguante para cerrar ciclos y prepararse para nuevas oportunidades

La Luna Menguante es la fase lunar que ocurre entre la Luna Llena y la Luna Nueva, cuando la Luna va disminuyendo su luz y su tamaño, preparándose para un nuevo ciclo. Esta fase lunar representa un momento de introspección, reflexión y liberación. Es una oportunidad para cerrar ciclos, dejar ir lo que ya no nos sirve ni nos hace feliz, y prepararnos para recibir lo nuevo y lo mejor.

Trabajar con la energía de la Luna Menguante nos ayuda a soltar el pasado, sanar las heridas, perdonar los errores, limpiar las energías negativas y protegernos de las influencias externas. Al hacerlo, nos liberamos de las cargas y los obstáculos que nos impiden avanzar y crecer. Nos abrimos a nuevas posibilidades y oportunidades que se presentan en nuestra vida.

Para trabajar con la energía de la Luna Menguante, podemos realizar diferentes prácticas y rituales que nos ayuden a conectar con esta energía y a aprovecharla para nuestro beneficio. Algunas de estas prácticas y rituales son:

1. Observar la Luna Menguante: Una forma sencilla y efectiva de trabajar con la energía de la Luna Menguante es observarla en el cielo. Podemos hacerlo desde nuestra ventana, en un lugar al aire libre o incluso a través de una imagen de la Luna. Al observarla, podemos contemplar su luz menguante y sentir su energía liberadora. Podemos también expresarle nuestra gratitud por su presencia y su apoyo en nuestro proceso de cierre y preparación.

2. Meditar con la Luna Menguante: Otra forma de trabajar con la energía de la Luna Menguante es meditar con ella. Podemos hacerlo sentados frente a una vela o una imagen de la Luna, o simplemente cerrando los ojos y visualizándola en nuestra mente. Al meditar, podemos respirar profundamente, relajar nuestro cuerpo y enfocar nuestra mente en lo que queremos soltar y liberar. Podemos también pedirle a la Luna que nos guíe y nos ilumine en nuestro camino hacia el cambio y la transformación.

3. Escribir con la Luna Menguante: Una forma más de trabajar con la energía de la Luna Menguante es escribir con ella. Podemos hacerlo tomando un papel y un bolígrafo, o utilizando un diario o una libreta. Al escribir, podemos expresar nuestros sentimientos, nuestros dolores, nuestros errores y nuestras lecciones aprendidas. Podemos también escribir lo que queremos soltar y liberar, lo que queremos cambiar o transformar, lo que queremos cerrar o terminar. Al escribir, podemos visualizar cómo nos desprendemos de todo aquello que ya no nos sirve ni nos hace feliz.

4. Realizar rituales con la Luna Menguante: Una forma más creativa y simbólica de trabajar con la energía de la Luna Menguante es realizar rituales con ella. Podemos hacerlo utilizando diferentes elementos que nos conecten con esta energía, como velas, incienso, sal marina, agua, cristales u objetos que representen lo que queremos soltar y liberar. Al realizar los rituales, podemos expresar nuestra intención de soltar y liberar lo que ya no nos sirve ni nos hace feliz, activando esa intención con la energía de la Luna Menguante. Podemos también agradecerle a la Luna por su energía y apoyo en nuestro proceso de cierre y preparación.

Estas son algunas formas de trabajar con la energía de la Luna Menguante para cerrar ciclos y prepararse para nuevas oportunidades. Recuerda que esta energía no solo se limita a una noche específica, sino que se extiende durante varios días. Mantén presente lo que quieres soltar y liberar y afirma tu intención regularmente, aprovechando la energía de la Luna Menguante en cada oportunidad que se presente.

Además de trabajar con esta fase lunar específica, puedes también trabajar con la energía lunar a lo largo de todo el ciclo lunar. Observa las diferentes fases de la Luna y adapta tus prácticas según corresponda, utilizando cada fase para diferentes aspectos de tu proceso de soltar, liberar y transformarte.

Recuerda que el poder de la Luna Menguante está dentro de ti. Aprovecha esta energía para soltar y liberar lo que ya no te sirve ni te hace feliz, confiar en tu capacidad de transformarte y celebrar cada paso en tu camino hacia el bienestar y la armonía.

Ritual para cerrar ciclos y prepararse para nuevas oportunidades con la Luna Menguante

Herramientas necesarias:

1. Velas: una vela gris y una vela dorada.

2. Incienso: elige un aroma que te ayude a cerrar y preparar, como el cedro o el pino.

3. Papel y bolígrafo.

4. Un cuenco con agua y hojas de laurel.

5. Cristales: selecciona aquellos que te ayuden a cerrar y preparar, como el ojo de tigre o el cuarzo ahumado.

6. Una llave de metal.

7. Un apagavelas.

Pasos a seguir:

Preparación:

1. Encuentra un lugar tranquilo donde puedas realizar el ritual sin interrupciones.

2. Limpia el espacio física y energéticamente utilizando el incienso. Visualiza cómo el humo elimina las energías estancadas y las reemplaza por energías renovadas.

3. Coloca las velas en un lugar seguro, con la vela gris a tu izquierda y la vela dorada a tu derecha.

4. Coloca el cuenco con agua y hojas de laurel cerca de las velas. Las hojas de laurel son un elemento que ayuda a cerrar y preparar.

5. Coloca la llave de metal frente a ti. La llave es un símbolo de cierre y apertura.

6. Tómate un momento para respirar profundamente, relajarte y sintonizar con la energía de la Luna Menguante.

Meditación:

1. Siéntate frente a las velas, cierra los ojos y respira profundamente varias veces.

2. Visualiza la Luna Menguante en el cielo, disminuyendo su luz y su tamaño, preparándose para un nuevo ciclo.

3. Siente cómo esta energía lunar te invita a cerrar los ciclos que ya han cumplido su propósito en tu vida y a prepararte para las nuevas oportunidades que te esperan. Siente cómo te ayuda a soltar lo viejo y abrazar lo nuevo con confianza y optimismo.

4. Permanece en este estado de meditación, conectando con la energía de la Luna y visualizando cómo cierras y preparas.

Escritura de cierre y preparación:

1. Toma el papel y el bolígrafo.

2. Escribe lo que quieres cerrar en tu vida. Puede ser una situación, una persona, una emoción, un hábito o cualquier otra cosa que ya haya cumplido su propósito en tu vida y que quieras dejar atrás.

3. Mientras escribes, visualiza cómo te desprendes de todo aquello que has escrito y siente el cierre que experimentas al hacerlo.

Activación del cierre:

1. Toma el papel con lo que quieres cerrar escrito y sosténlo entre tus manos.

2. Visualiza cómo la energía de la Luna Menguante fluye a través de ti y se infunde

en el papel, potenciando tu intención de cerrar lo que ya no te sirve ni te hace feliz.

3. Enciende la vela gris y visualiza cómo la llama representa el fuego purificador que quema todo lo negativo y lo transforma en positivo.

4. Quema el papel con la vela gris, simbolizando el cierre de todo aquello que has escrito. Deja que el papel se consuma por completo en el cuenco con agua y hojas de laurel, evitando cualquier riesgo de incendio.

Escritura de apertura:

1. Toma otro papel y otro bolígrafo.

2. Escribe lo que quieres abrir en tu vida. Puede ser una situación, una persona, una emoción, un hábito o cualquier otra cosa que quieras recibir o iniciar en tu vida, que te aporte algo positivo o te haga feliz.

3. Mientras escribes, visualiza cómo te abres a todo aquello que has escrito y siente la preparación que experimentas al hacerlo.

Activación de la apertura:

1. Toma el papel con lo que quieres abrir escrito y sosténlo entre tus manos.

2. Visualiza cómo la energía de la Luna Menguante fluye a través de ti y se infunde en el papel, potenciando tu intención de abrirte a lo nuevo y lo mejor.

3. Enciende la vela dorada y visualiza cómo la llama representa el fuego iluminador que enciende todo lo positivo y lo atrae a tu vida.

4. Dobla el papel con lo que quieres abrir y guárdalo en un lugar seguro, donde puedas verlo o recordarlo con frecuencia.

Ceremonia final:

1. Si has elegido una llave de metal, tómala entre tus manos y visualiza cómo representa tu proceso de cierre y apertura. Imagina que eres como una llave que cierra las puertas que ya no te conducen a nada bueno y abre las puertas que te llevan a nuevas oportunidades y experiencias.

2. Agradece a la Luna Menguante por su energía y apoyo en tu proceso de cierre y preparación.

3. Deja que las velas se consuman por completo, o si es necesario apágalas utilizando el apagavelas.

4. Deshazte del papel quemado, enterrándolo en la tierra, tirándolo al mar o al río, o depositándolo en la basura. Al hacerlo, estás cortando el lazo energético con aquello que has cerrado.

5. Lleva la llave contigo como un amuleto de cierre y apertura. Puedes colocarla en tu llavero, en tu collar, en tu bolso o en cualquier lugar donde quieras sentir su energía.

6. Mantén una actitud de apertura y receptividad, estando atento/a a las señales y oportunidades que se presenten en tu vida para vivir con más plenitud y armonía.

7. Realiza este ritual durante las noches de Luna Menguante para aprovechar al máximo su energía y potencial de cierre y preparación. ¡Que la Luna Menguante te cierre y te prepare!

Fechas y eventos astrológicos destacados para trabajar con la magia lunar

La magia lunar es el arte de trabajar con la energía de la Luna y sus diferentes fases para potenciar nuestras intenciones y manifestaciones. La Luna es un astro que influye en nuestro planeta, en la naturaleza y en nosotros mismos, afectando a nuestros ritmos, emociones y estados de ánimo. Al sintonizar con su energía, podemos aprovechar su poder para crear cambios positivos en nuestra vida.

Cada fase lunar tiene una energía y un propósito específicos, que podemos utilizar para diferentes aspectos de nuestro proceso de creación y transformación. Así, podemos trabajar con la Luna Nueva para iniciar proyectos, sembrar semillas e intenciones, y abrirnos a lo nuevo; con la Luna Creciente para desarrollar, nutrir y fortalecer lo que hemos iniciado, y superar los obstáculos que se presenten; con la Luna Llena para culminar, celebrar y manifestar lo que hemos creado, y expresar nuestra gratitud y abundancia; y con la Luna Menguante para cerrar ciclos, dejar ir lo que ya no nos sirve ni nos hace feliz, y prepararnos para recibir lo nuevo y lo mejor.

Además de trabajar con estas fases lunares básicas, podemos también trabajar con otros eventos astrológicos destacados que ocurren a lo largo del año y que tienen una influencia especial en nuestra energía y en nuestra magia. Algunos de estos eventos son los eclipses, las lunaciones especiales y las alineaciones planetarias. Veamos en qué consisten cada uno de ellos y cómo podemos trabajar con ellos para potenciar nuestra magia lunar.

Eclipses

Los eclipses son fenómenos astronómicos que ocurren cuando la Tierra, el Sol y la Luna se alinean de tal forma que uno de ellos queda oculto por otro. Hay dos tipos de eclipses: los eclipses solares, que ocurren cuando la Luna se interpone entre el Sol y la Tierra, proyectando su sombra sobre una parte del planeta; y los eclipses lunares, que ocurren cuando la Tierra se interpone entre el Sol y la Luna, proyectando su sombra sobre el disco lunar.

Los eclipses tienen una gran importancia astrológica, ya que representan momentos de cambio, transformación e intensidad. Los eclipses solares están relacionados con los inicios, los nuevos comienzos y las oportunidades; mientras que los eclipses lunares están relacionados con los finales, las culminaciones y las liberaciones. Los eclipses siempre ocurren en pares o tríos, cerca de las lunas nuevas o llenas, formando ciclos o series que duran varios años.

Para trabajar con la magia lunar de los eclipses, podemos realizar rituales o prácticas que nos ayuden a sintonizar con su energía e intención. Los rituales para los eclipses solares pueden estar enfocados en iniciar algo nuevo, abrirnos a nuevas posibilidades o manifestar nuestros deseos; mientras que los rituales para los eclipses lunares pueden estar enfocados en cerrar algo viejo, soltar lo que ya no nos sirve o liberarnos de lo que nos limita. Los rituales para los eclipses pueden incluir elementos como velas, incienso, cristales u objetos simbólicos que representen lo que queremos iniciar o cerrar.

Los eclipses ocurren varias veces al año, dependiendo del ciclo o serie al que pertenezcan. Podemos consultar un calendario astronómico para saber cuándo serán los próximos eclipses y en qué signos zodiacales se producirán. Así podremos prepararnos mejor para trabajar con su energía según el signo en el que tengamos nuestro Sol natal o nuestro ascendente.

Lunaciones especiales

Las lunaciones especiales son aquellas lunas nuevas o llenas que tienen una característica o una cualidad especial que las hace diferentes de las demás. Algunas de estas lunaciones especiales son las superlunas, las microlunas, las lunas azules y las lunas negras. Veamos en qué consisten cada una de ellas y cómo podemos trabajar con ellas para potenciar nuestra magia lunar.

Superlunas

Las superlunas son aquellas lunas llenas que ocurren cuando la Luna está en el punto más cercano a la Tierra en su órbita, llamado perigeo. Esto hace que la Luna se vea más grande y más brillante de lo normal, aumentando su influencia sobre nosotros y sobre el planeta. Las superlunas son momentos de gran intensidad, emoción y creatividad. Podemos aprovechar esta energía para potenciar nuestras manifestaciones, celebrar nuestros logros o expresar nuestra gratitud.

Las superlunas ocurren varias veces al año, dependiendo de la distancia entre la Luna y la Tierra. Podemos consultar un calendario astronómico para saber cuándo serán las próximas superlunas y en qué signos zodiacales se producirán. Así podremos prepararnos mejor para trabajar con su energía según el signo en el que tengamos nuestro Sol natal o nuestro ascendente.

Microlunas

Las microlunas son aquellas lunas llenas que ocurren cuando la Luna está en el punto más lejano a la Tierra en su órbita, llamado apogeo. Esto hace que la Luna se vea más pequeña y menos brillante de lo normal, disminuyendo su influencia sobre nosotros y sobre el planeta. Las microlunas son momentos de menor intensidad, emoción y creatividad. Podemos aprovechar esta energía para relajarnos, descansar o meditar.

Las microlunas ocurren varias veces al año, dependiendo de la distancia entre la Luna y la Tierra. Podemos consultar un calendario astronómico para saber cuándo serán las próximas microlunas y en qué signos zodiacales se producirán. Así podremos prepararnos mejor para trabajar con su energía según el signo en el que tengamos nuestro Sol natal o nuestro ascendente.

Lunas azules

Las lunas azules son aquellas lunas llenas que ocurren dos veces en un mismo mes calendario, o cuatro veces en una misma estación del año. Esto hace que la Luna tenga una frecuencia mayor de lo normal, aumentando su influencia sobre nosotros y sobre el planeta. Las lunas azules son momentos de rareza, sorpresa y oportunidad. Podemos aprovechar esta energía para hacer algo diferente, salir de nuestra zona de confort o aprovechar una ocasión especial.

Las lunas azules ocurren cada dos o tres años, dependiendo del ciclo lunar y del calendario gregoriano. Podemos consultar un calendario astronómico para saber cuándo será la próxima luna azul y en qué signo zodiacal se producirá. Así podremos prepararnos mejor para trabajar con su energía según el signo en el que tengamos nuestro Sol natal o nuestro ascendente.

Lunas negras

Las lunas negras son aquellas lunas nuevas que ocurren dos veces en un mismo mes calendario, o cuatro veces en una misma estación del año. Esto hace que la Luna tenga una frecuencia mayor de lo normal, aumentando su influencia sobre nosotros y sobre el planeta. Las lunas negras son momentos de oscuridad, misterio y potencial. Podemos aprovechar esta energía para iniciar algo nuevo, explorar lo desconocido o sembrar una intención poderosa.

Las lunas negras ocurren cada dos o tres años, dependiendo del ciclo lunar y del calendario gregoriano. Podemos consultar un calendario astronómico para saber cuándo será la próxima luna negra y en qué signo zodiacal se producirá. Así podremos prepararnos mejor para trabajar con su energía según el signo en el que tengamos nuestro Sol natal o nuestro ascendente.

Alineaciones planetarias

Las alineaciones planetarias son fenómenos astronómicos que ocurren cuando dos o más planetas se alinean entre sí o con el Sol o la Luna, desde la perspectiva terrestre. Estas alineaciones tienen una gran importancia astrológica, ya que representan momentos de influencia, armonía o tensión entre las energías de los planetas involucrados1.

Para trabajar con la magia lunar de las alineaciones planetarias, podemos realizar rituales o prácticas que nos ayuden a sintonizar con la energía e intención de los planetas que se alinean, y aprovechar su potencial para nuestros propósitos. Los rituales para las alineaciones planetarias pueden estar enfocados en potenciar algún aspecto de nuestra vida relacionado con el significado de los planetas que se alinean, o en equilibrar o resolver algún conflicto o desafío que nos planteen. Los rituales para las alineaciones planetarias pueden incluir elementos como velas, incienso, cristales u objetos simbólicos que representen los planetas que se alinean.

Las alineaciones planetarias ocurren varias veces al año, dependiendo de la posición y el movimiento de los planetas en el cielo. Podemos consultar un calendario astronómico para saber cuándo serán las próximas alineaciones planetarias y en qué signos zodiacales se producirán. Así podremos prepararnos mejor para trabajar con su energía según el signo en el que tengamos nuestro Sol natal o nuestro ascendente.

Eventos astrológicos más destacados para los próximos años:

2024: Un eclipse solar total que cruzará América del Norte el 8 de abril, y un tránsito de Mercurio frente al Sol el 13 de noviembre.

2025: Un eclipse lunar total que teñirá de rojo la Luna el 14 de marzo, y una conjunción muy cercana entre Venus y Júpiter el 23 de junio.

2026: Un eclipse solar anular que formará un anillo de fuego en el cielo el 12 de agosto, y una lluvia de estrellas fugaces excepcionalmente intensa producida por el cometa Halley el 21 de octubre.

2027: Un eclipse solar total que será visible en gran parte de África y Asia el 2 de agosto, y una ocultación de Marte por la Luna el 8 de diciembre.

2028: Un eclipse lunar total que durará más de una hora y media el 31 de enero, y un acercamiento histórico entre Venus y Saturno el 14 de julio.

2029: Un paso muy cercano del asteroide Apophis por la Tierra el 13 de abril, que podrá verse a simple vista desde algunas regiones, y un eclipse solar híbrido que alternará entre anular y total el 20 de abril.

2030: Un eclipse lunar total que coincidirá con el perigeo lunar (la mayor cercanía de la Luna a la Tierra) el 10 de mayo, creando una superluna roja, y una conjunción muy cercana entre Venus y Mercurio el 28 de septiembre.

2031: Un tránsito de Mercurio frente al Sol el 7 de noviembre, y una lluvia de estrellas fugaces excepcionalmente intensa producida por el cometa Tempel-Tuttle el 17 de noviembre.

2032: Un eclipse solar anular que formará un anillo de fuego en el cielo el 25 de octubre, y una ocultación de Júpiter por la Luna el 22 de noviembre.

2033: Un eclipse lunar total que coincidirá con el perigeo lunar (la mayor cercanía de la Luna a la Tierra) el 14 de marzo, creando una superluna roja, y un eclipse solar total que cruzará Australia e Indonesia el 20 de abril.

2034: Un eclipse solar total que será visible en gran parte de Europa y Asia el 20 de marzo, y una conjunción muy cercana entre Venus y Júpiter el 29 de agosto.

2035: Un eclipse lunar total que coincidirá con el perigeo lunar (la mayor cercanía de la Luna a la Tierra) el 3 de marzo, creando una superluna roja, y un tránsito de Mercurio frente al Sol el 7 de noviembre.

2036: Un eclipse solar anular que formará un anillo de fuego en el cielo el 1 de septiembre, y una ocultación de Saturno por la Luna el 16 de octubre.

2037: Un eclipse lunar total que coincidirá con el perigeo lunar (la mayor cercanía de la Luna a la Tierra) el 31 de agosto, creando una superluna roja, y un eclipse solar total que cruzará África y Asia el 21 de septiembre.

2038: Un eclipse solar anular que formará un anillo de fuego en el cielo el 5 de febrero, y una lluvia de estrellas fugaces excepcionalmente intensa producida por el cometa Halley el 20 de octubre.

2039: Un eclipse lunar total que durará más de una hora y media el 21 de enero, y un acercamiento histórico entre Venus y Júpiter el 14 de febrero.

2040: Un eclipse solar total que será visible en gran parte de América del Norte y del Sur el 23 de abril, y una ocultación de Marte por la Luna el 16 de diciembre.

2041: Un eclipse lunar total que coincidirá con el perigeo lunar (la mayor cercanía de la Luna a la Tierra) el 22 de marzo, creando una superluna roja, y un tránsito de Mercurio frente al Sol el 7 de mayo.

2042: Un eclipse solar anular que formará un anillo de fuego en el cielo el 17 de abril, y una conjunción muy cercana entre Venus y Saturno el 14 de julio.

2043: Un eclipse lunar total que coincidirá con el perigeo lunar (la mayor cercanía de la Luna a la Tierra) el 17 de septiembre, creando una superluna roja, y un eclipse solar híbrido que alternará entre anular y total el 3 de octubre.

2044: Un eclipse solar total que será visible en gran parte de Europa y África el 23 de agosto, y una ocultación de Júpiter por la Luna el 18 de septiembre.

2045: Un eclipse lunar total que durará más de una hora y media el 8 de febrero, y un eclipse solar total que cruzará América del Norte y Central el 12 de agosto.

Magia lunar en momentos de eclipses

Los eclipses lunares son especialmente poderosos para la magia lunar, ya que se trata de ocasiones únicas en las que la Luna está en su máximo esplendor y luego se oscurece por la sombra de la Tierra, creando un efecto visual impresionante. Los eclipses lunares pueden ser totales, cuando la Luna queda completamente cubierta por la sombra terrestre; parciales, cuando solo una parte de la Luna queda oculta; o penumbrales, cuando la Luna solo entra en la zona más tenue de la sombra.

Los eclipses lunares tienen un significado esotérico profundo, ya que simbolizan el fin de un ciclo y el inicio de otro, la muerte y el renacimiento, la luz y la oscuridad. Los eclipses lunares nos invitan a soltar lo que ya no nos sirve, a sanar nuestras heridas emocionales, a perdonar y a liberarnos. También nos impulsan a abrirnos a lo nuevo, a renovar nuestra energía, a crear y a manifestar.

Para aprovechar al máximo el potencial mágico de los eclipses lunares, podemos realizar rituales que nos ayuden a conectar con la energía lunar y con nuestro propósito. Los rituales pueden variar según el tipo de eclipse, el signo zodiacal en el que se produce y el objetivo que buscamos. A continuación, te presentamos algunos ejemplos de rituales de magia lunar para eclipses, según estos criterios.

Ritual para soltar y liberar en un eclipse lunar total

Un eclipse lunar total es un momento ideal para soltar y liberar todo aquello que nos impide avanzar o crecer. Este ritual te ayudará a desprenderte de las cargas emocionales, los bloqueos mentales o los vínculos tóxicos que te detienen.

Para este ritual necesitarás:

1. Una vela negra

2. Un plato

3. Un hilo rojo

4. Un papel y un lápiz

5. Una tijera

6. Una bolsa de tela negra

Los pasos a seguir son:

1. Coloca la vela negra en el plato y enciéndela con una cerilla o un mechero. La vela negra simboliza la protección, la limpieza y la eliminación de lo negativo.

2. En el papel, escribe todo lo que quieres soltar o liberar de tu vida. Pueden ser nombres de personas, situaciones, sentimientos, pensamientos, hábitos, etc. Sé lo más específico posible y escribe desde el corazón.

3. Corta el papel en tantos trozos como cosas hayas escrito. Cada trozo representa lo que quieres dejar ir.

4. Toma el hilo rojo y átalo alrededor de cada trozo de papel, haciendo un nudo. El hilo rojo simboliza el vínculo, la sangre y la vida que te une a lo que quieres soltar.

5. Mientras atas cada trozo de papel, di en voz alta o mentalmente: "Corto y suelto este vínculo que me ata a (lo que hayas escrito). Me libero con amor y gratitud".

6. Coloca todos los trozos de papel atados con el hilo rojo en la bolsa de tela negra. La bolsa simboliza el contenedor, el útero y la oscuridad donde se gesta el cambio.

7. Cierra la bolsa y sosténla entre tus manos. Cierra los ojos y respira profundamente. Visualiza cómo todo lo que has escrito se va disolviendo en una luz blanca que te limpia y te libera.

8. Deja que la vela se consuma por completo o apágala con los dedos o un apagavelas. Nunca soples la vela.

9. Entierra la bolsa con los trozos de papel en un lugar lejos de tu casa o tírala a la basura. Al hacerlo, di: "Suelto y libero todo lo que me impide avanzar. Me perdono y perdono a los demás. Me libero con amor y gratitud".

Este ritual te ayudará a soltar y liberar todo lo que ya no te sirve, a sanar tus heridas emocionales, a perdonar y a liberarte. Te sentirás mejor, más libre y más feliz. Recuerda agradecer a la luna y al universo por todo lo que te ofrece y por todo lo que te espera.

Ritual para crear y manifestar en un eclipse lunar parcial

Un eclipse lunar parcial es un momento ideal para crear y manifestar lo que queremos en nuestra vida. Este ritual te ayudará a atraer la abundancia, la prosperidad y el éxito en cualquier ámbito que desees.

Para este ritual necesitarás:

1. Una vela dorada

2. Un plato

3. Una moneda o un billete

4. Un papel y un lápiz

5. Un imán

6. Una bolsa de tela verde

Los pasos a seguir son:

1. Coloca la vela dorada en el plato y enciéndela con una cerilla o un mechero. La vela dorada simboliza la riqueza, la abundancia y el poder.

2. En el papel, escribe lo que quieres crear o manifestar en tu vida. Puede ser una cantidad de dinero, un trabajo, un viaje, un proyecto, etc. Sé lo más específico posible y escribe en tiempo presente y en forma afirmativa.

3. Dobla el papel y colócalo debajo de la moneda o el billete. La moneda o el billete simboliza el dinero, el intercambio y la circulación de la energía.

4. Coloca el imán encima de la moneda o el billete. El imán simboliza la atracción, la magnetización y la manifestación de lo que deseas.

5. Mientras sostienes el imán, di en voz alta o mentalmente: "Atraigo y manifiesto todo lo que quiero en mi vida. Soy merecedor de la abundancia, la prosperidad y el éxito. Gracias al universo por todo lo que me da".

6. Coloca el imán, la moneda o el billete y el papel en la bolsa de tela verde. La bolsa simboliza el receptáculo, el cofre y la seguridad donde se guarda tu tesoro.

7. Cierra la bolsa y sosténla entre tus manos. Cierra los ojos y respira profundamente. Visualiza cómo todo lo que has escrito se hace realidad y siente la emoción y la gratitud que te produce.

8. Deja que la vela se consuma por completo o apágala con los dedos o un apagavelas. Nunca soples la vela.

9. Guarda la bolsa con los objetos en un lugar seguro y cerca de ti hasta que se cumpla tu deseo. Luego puedes gastar el dinero o donarlo a una buena causa.

Este ritual te ayudará a crear y manifestar lo que quieres en tu vida, a atraer la abundancia, la prosperidad y el éxito en cualquier ámbito que desees.

Ritual para renovar y transformar en un eclipse lunar penumbral

Un eclipse lunar penumbral es un momento ideal para renovar y transformar nuestra energía y nuestra vida. Este ritual te ayudará a recargar tus pilas, a cambiar lo que no te gusta y a reinventarte.

Para este ritual necesitarás:

1. Una vela azul

2. Un plato

3. Una piedra de lapislázuli o turquesa

4. Un espejo pequeño

5. Un perfume o una esencia de tu agrado

Los pasos a seguir son:

1. Coloca la vela azul en el plato y enciéndela con una cerilla o un mechero. La vela azul simboliza la paz, la armonía y la sabiduría.

2. Sostén la piedra de lapislázuli o turquesa entre tus manos y llévala a tu frente. La piedra simboliza la renovación, la transformación y el poder personal.

3. Cierra los ojos y respira profundamente. Visualiza cómo la piedra emite una luz azul que entra en tu mente y en tu cuerpo, limpiando, sanando y fortaleciendo tu energía.

4. Abre los ojos y coloca la piedra en el plato, al lado de la vela. Toma el espejo y mírate a los ojos. El espejo simboliza la reflexión, la autoestima y la verdad.

5. Di en voz alta o mentalmente: "Me acepto y me amo tal como soy. Reconozco mis virtudes y mis defectos. Estoy dispuesto a cambiar lo que no me gusta de mí".

6. Luego, di lo que quieres cambiar o mejorar en ti mismo. Puede ser algún aspecto físico, mental, emocional o espiritual. Sé lo más específico posible y di lo que quieres ser, no lo que no quieres ser.

7. Cuando hayas terminado, di: "Me renuevo y me transformo con amor y confianza. Soy una nueva persona, llena de luz y de poder".

8. Deja que la vela se consuma por completo o apágala con los dedos o un apagavelas. Nunca soples la vela.

9. Rocía el perfume o la esencia sobre ti, como si fuera una lluvia de bendiciones. El perfume simboliza el aroma, el placer y la alegría.

10. Guarda el espejo y la piedra en un lugar seguro y úsalos como amuletos de protección y transformación.

Este ritual te ayudará a renovar y transformar tu energía y tu vida, a recargar tus pilas, a cambiar lo que no te gusta y a reinventarte. Sentirás mayor tranquilidad, armonía y sabiduría.

La magia lunar y cómo intensificar nuestras manifestaciones

La magia lunar es una práctica espiritual que consiste en aprovechar las energías de la Luna y sus fases para realizar rituales que nos ayuden a sintonizar con el cosmos y a manifestar nuestros deseos. La magia lunar se basa en el principio de que la Luna influye en nuestras emociones, nuestro subconsciente y nuestro ciclo vital, y que podemos alinear nuestra voluntad con la suya para crear la realidad que queremos.

La Luna tiene distintas fases que marcan su ciclo mensual, desde la Luna nueva hasta la Luna llena, pasando por los cuartos creciente y menguante. Cada fase lunar tiene una energía y un significado específicos, que podemos aprovechar para realizar rituales de magia lunar que nos ayuden a:

Luna nueva: iniciar proyectos, sembrar intenciones, plantear objetivos, visualizar sueños. Es el momento de crear algo nuevo, de empezar de cero, de plantar la semilla de lo que queremos manifestar.

Luna nueva visible: despertar, inspirarse, crear. Es el momento de ver los primeros signos de lo que hemos iniciado, de sentir la chispa de la creatividad, de dar forma a nuestros sueños.

Luna creciente: desarrollar proyectos, tomar acción, resolver problemas, superar obstáculos. Es el momento de poner en marcha lo que hemos creado, de actuar con determinación, de enfrentar los desafíos, de superar las dificultades.

Creciente cóncavo: progresar, avanzar, impulsarse. Es el momento de ver los resultados de nuestras acciones, de avanzar hacia nuestras metas, de impulsarnos con confianza, de crecer con fuerza.

Cuarto creciente: equilibrar, armonizar, estabilizar. Es el momento de encontrar el equilibrio entre lo que hacemos y lo que sentimos, de armonizar nuestra energía con la del universo, de estabilizar nuestra situación, de consolidar nuestro crecimiento.

Gibosa creciente: expandir, abundar, confiar. Es el momento de expandir nuestra visión y nuestra conciencia, de abundar en recursos y oportunidades, de confiar en nuestro poder y en nuestra magia, de prepararnos para la culminación.

Luna llena: culminar, plenificar, agradecer. Es el momento de alcanzar el punto máximo de nuestro ciclo, de plenificar nuestra manifestación, de agradecer por todo lo que hemos logrado y recibido, de celebrar nuestra abundancia.

Gibosa menguante: disminuir, liberar, desapegar. Es el momento de disminuir el ritmo y la intensidad, de liberar lo que ya no nos sirve o nos pesa, de desapegarnos con amor y gratitud, de iniciar el proceso de cierre.

Cuarto menguante: cambiar, transformar, adaptar. Es el momento de cambiar lo que no nos gusta o nos funciona, de transformarnos con sabiduría y valentía, de adaptarnos a las nuevas circunstancias, de iniciar el proceso de renovación.

Menguante convexo: revisar, corregir, ajustar. Es el momento de revisar lo que hemos hecho y aprendido, de corregir los errores o las fallas, de ajustar los planes o las estrategias, de mejorar lo que podemos mejorar.

Luna menguante: cerrar, reflexionar, aprender. Es el momento de cerrar el ciclo que hemos vivido, de reflexionar sobre lo que hemos experimentado, de aprender de lo que hemos sentido, de prepararnos para el nuevo inicio.

Luna balsámica: descansar, sanar, preparar. Es el momento de descansar nuestro cuerpo y nuestra mente, de sanar nuestras heridas y nuestras emociones, de prepararnos para el nuevo ciclo que se avecina, de volver a la oscuridad para renacer.

Para realizar rituales de magia lunar, podemos usar diferentes elementos que nos ayuden a conectar con la energía lunar y a potenciar nuestra intención. Algunos de estos elementos son:

Velas: las velas son símbolos del fuego y de la luz, y nos ayudan a iluminar nuestro camino, a purificar nuestra energía y a invocar el poder de los elementos. Podemos usar velas de diferentes colores según el propósito del ritual, por ejemplo:

Blanco: para la pureza, la claridad, la protección, la limpieza y la conexión con la Luna.

Rojo: para el amor, la pasión, el deseo, la fuerza, el valor y la vitalidad.

Verde: para la prosperidad, la abundancia, el dinero, la salud, la naturaleza y el crecimiento.

Azul: para la paz, la armonía, la tranquilidad, la comunicación, la verdad y la sabiduría.

Amarillo: para la alegría, el optimismo, el éxito, la confianza, el poder mental y la creatividad.

Naranja: para la atracción, el magnetismo, el entusiasmo, el cambio, la adaptación y la diversión.

Violeta: para la transformación, la sanación, la espiritualidad, la intuición, el misticismo y la magia.

Celeste: para el sueño, la meditación, el relax, la inspiración, el ángel y el cielo.

Negro: para la protección, la limpieza, la eliminación de lo negativo, el misterio y lo oculto.

Plateado: para la Luna, lo femenino, lo receptivo, lo psíquico y lo emocional.

Dorado: para el Sol, lo masculino, lo activo, lo físico y lo material.

Rosado: para el amor incondicional, la ternura, el afecto, la compasión y la dulzura.

Marrón: para lo terrenal, lo práctico, lo concreto, lo estable y lo seguro.

Inciensos: los inciensos son símbolos del aire y del aroma, y nos ayudan a perfumar nuestro ambiente, a elevar nuestra vibración y a invocar el poder de los elementos. Podemos usar inciensos de diferentes esencias según el propósito del ritual, por ejemplo:

Lavanda: para la relajación, el sueño, la calma y la paz.

Canela: para la atracción, el amor, el deseo y la pasión.

Sándalo: para la meditación, la concentración, la sabiduría y la espiritualidad.

Mirra: para la protección, la limpieza, la purificación y la sanación.

Rosa: para el amor incondicional, la ternura, el afecto y la compasión.

Jazmín: para la alegría, el optimismo, el éxito y la confianza.

Pino: para la naturaleza, el crecimiento, la abundancia y la prosperidad.

Incienso: para la conexión con lo divino, la oración, la gratitud y la bendición.

Vainilla: para el placer, el dulzor, la armonía y la felicidad.

Naranja: para el entusiasmo, el cambio, la adaptación y la diversión.

Menta: para el frescor, el alivio, la claridad y el poder mental.

Cristales: los cristales son símbolos de la tierra y de la energía, y nos ayudan a armonizar nuestro espacio, a amplificar nuestra intención y a invocar el poder de los elementos. Podemos usar cristales de diferentes tipos según el propósito del ritual, por ejemplo:

Cuarzo blanco: para la claridad, la pureza, la protección y la conexión con la Luna.

Amatista: para la intuición, la meditación, la sabiduría y la espiritualidad.

Citrino: para la alegría, el optimismo, el éxito y la abundancia.

Turmalina: para la limpieza, la purificación, la eliminación de lo negativo y la protección.

Lapislázuli: para la renovación, la transformación, el poder personal y la comunicación.

Turquesa: para el sueño, la relajación, la inspiración y el ángel.

Ojo de tigre: para el valor, la fuerza, el coraje y la confianza.

Aventurina: para el crecimiento, la prosperidad, el dinero y la salud.

Cuarzo rosa: para el amor incondicional, la ternura, el afecto y la compasión.

Jade: para la paz, la armonía, la tranquilidad y la sabiduría.

Ágata: para el equilibrio, la estabilidad, la seguridad y la consolidación.

Cornalina: para el entusiasmo, el cambio, la adaptación y la diversión.

Ónix: para el misterio, lo oculto, lo profundo y lo desconocido.

Selenita: para la Luna, lo femenino, lo receptivo y lo emocional.

Pirita: para el Sol, lo masculino, lo activo y lo material.

Malaquita: para la naturaleza, el crecimiento, la abundancia y la prosperidad.

Hematite: para lo terrenal, lo práctico, lo concreto y lo seguro.

Celestina: para el cielo, lo divino, lo sublime y lo sagrado.

Agua: el agua es símbolo del agua y de la emoción, y nos ayuda a limpiar nuestro cuerpo, a fluir con nuestra sensibilidad y a invocar el poder de los elementos. Podemos usar agua de diferentes formas según el propósito del ritual, por ejemplo: beberla para hidratarnos, bañarnos con ella para purificarnos, rociarla sobre nosotros para bendecirnos, etc.

Para intensificar nuestras manifestaciones con la magia lunar, podemos seguir algunos consejos que nos ayuden a mejorar nuestra conexión con la Luna y con nosotros mismos. Algunos de estos consejos son:

Observar la Luna: observar la Luna cada noche nos ayuda a conocer sus fases, sus movimientos y sus cambios. Así podemos sintonizar con su ritmo y su energía, y saber cuándo es el mejor momento para realizar nuestros rituales.

Meditar con la Luna: meditar con la Luna nos ayuda a entrar en un estado de relajación, concentración y receptividad. Así podemos escuchar nuestra voz interior, nuestra intuición y nuestra sabiduría. También podemos comunicarnos con la Luna y pedirle su guía y su apoyo.

Escribir con la Luna: escribir con la Luna nos ayuda a expresar nuestros pensamientos, sentimientos y deseos. Así podemos aclarar nuestra mente, liberar nuestras emociones y afirmar nuestras intenciones. También podemos escribir cartas a la Luna y agradecerle por todo lo que nos da.

Ritualizar con la Luna: ritualizar con la Luna nos ayuda a materializar nuestros propósitos, a activar nuestra magia y a alinear nuestra voluntad con la suya. Así podemos crear la realidad que queremos, atraer lo que necesitamos y celebrar lo que tenemos.

La magia lunar es una forma de vivir en armonía con el cosmos y con nosotros mismos, de honrar la naturaleza y su sabiduría, de despertar nuestro poder y nuestra creatividad. La magia lunar es una forma de amar la Luna y de amarnos a nosotros mismos.

Tabla de fases lunares y sus correspondencias mágicas

La Luna es un astro que ejerce una gran influencia sobre la vida en la Tierra y sobre la práctica mágica. Cada fase lunar tiene unas características y energías propias que podemos aprovechar para potenciar nuestros rituales, hechizos y meditaciones. En este artículo te presento una tabla de fases lunares y sus correspondencias mágicas, para que sepas qué hacer y qué evitar en cada momento del ciclo lunar.

Luna nueva

La Luna nueva es el inicio del ciclo lunar, cuando la Luna está en conjunción con el Sol y no se ve desde la Tierra. Es un momento de oscuridad, silencio y misterio, ideal para el descanso, la introspección y la preparación de nuevos proyectos.

Correspondencias mágicas:

• Color: negro

• Elemento: tierra

• Símbolo: semilla

• Diosas: Hécate, Kali, Lilith

- Dioses: Anubis, Plutón, Odín

- Cristales: ónix, obsidiana, turmalina negra

- Hierbas: artemisa, ciprés, romero

- Incienso: mirra, sándalo, pachulí

- Animales: murciélago, búho, lobo

- Tarot: La Muerte, El Ermitaño, El Mundo

Actividades mágicas:

- Meditar sobre los objetivos y planes a corto y largo plazo

- Limpiar y purificar el espacio sagrado y los instrumentos mágicos

- Hacer un ritual de protección personal o del hogar

- Hacer un hechizo de destierro o corte de lazos con personas o situaciones negativas

- Hacer una ofrenda a las deidades o espíritus afines a la Luna nueva

Luna creciente

La Luna creciente es la fase lunar que va desde la Luna nueva hasta la Luna llena, cuando la Luna va aumentando su luminosidad y su tamaño aparente. Es un momento de crecimiento, expansión y acción, ideal para iniciar proyectos, atraer oportunidades y desarrollar habilidades.

Correspondencias mágicas:

- Color: blanco

- Elemento: aire

- Símbolo: brote

- Diosas: Artemisa, Diana, Selene

- Dioses: Apolo, Hermes, Thot

- Cristales: cuarzo blanco, selenita, piedra lunar

- Hierbas: lavanda, menta, salvia

- Incienso: jazmín, limón, vainilla

- Animales: liebre, gato, mariposa

- Tarot: La Emperatriz, La Estrella, El Mago

Actividades mágicas:

- Meditar sobre las oportunidades y recursos disponibles para alcanzar los objetivos

- Consagrar y cargar el espacio sagrado y los instrumentos mágicos con energía lunar

- Hacer un ritual de bendición personal o del hogar

- Hacer un hechizo de atracción o magnetismo para el amor, el dinero o el éxito

- Hacer una ofrenda a las deidades o espíritus afines a la Luna creciente

Luna llena

La Luna llena es el punto culminante del ciclo lunar, cuando la Luna está en oposición al Sol y se ve completamente iluminada desde la Tierra. Es un momento de plenitud, poder y manifestación, ideal para celebrar logros, expresar gratitud y realizar deseos.

Correspondencias mágicas:

- Color: plata

- Elemento: agua

- Símbolo: flor

- Diosas: Isis, Afrodita, Freya

- Dioses: Osiris, Eros, Frey

- Cristales: amatista, lapislázuli, perla

- Hierbas: rosa, jazmín, manzanilla

- Incienso: rosa, almizcle, ámbar

- Animales: cisne, delfín, león

- Tarot: La Luna, La Rueda de la Fortuna,

Actividades mágicas:

• Meditar sobre los logros y las lecciones aprendidas en el ciclo lunar

• Agradecer y honrar el espacio sagrado y los instrumentos mágicos por su servicio

• Hacer un ritual de celebración personal o del hogar

• Hacer un hechizo de manifestación o potenciación para el amor, el dinero o el éxito

• Hacer una ofrenda a las deidades o espíritus afines a la Luna llena

Luna menguante

La Luna menguante es la fase lunar que va desde la Luna llena hasta la Luna nueva, cuando la Luna va disminuyendo su luminosidad y su tamaño aparente. Es un momento de decrecimiento, liberación y reflexión, ideal para finalizar proyectos, soltar lo que ya no sirve y evaluar los resultados.

Correspondencias mágicas:

• Color: gris

• Elemento: fuego

• Símbolo: fruto

• Diosas: Deméter, Perséfone, Hestia

• Dioses: Cronos, Hades, Vulcano

• Cristales: hematite, granate, ópalo

• Hierbas: tomillo, laurel, salvia

• Incienso: canela, clavo, incienso

• Animales: cuervo, serpiente, escorpión

• Tarot: El Juicio, El Diablo, La Torre

Actividades mágicas:

• Meditar sobre los obstáculos y los desafíos a superar en el próximo ciclo lunar

- Deshacerse y reciclar el espacio sagrado y los instrumentos mágicos que ya no se usen

- Hacer un ritual de limpieza personal o del hogar

- Hacer un hechizo de liberación o transformación para el amor, el dinero o el éxito

- Hacer una ofrenda a las deidades o espíritus afines a la Luna menguante

Lista de cristales, hierbas y símbolos asociados a cada fase lunar

Cada fase lunar tiene unas correspondencias específicas con ciertos cristales, hierbas y símbolos que podemos usar para sintonizar con su energía y propósito. En esta lista te presento algunos de los más comunes y populares, pero recuerda que puedes usar otros que te resuenen más o que encuentres en tu entorno.

Luna nueva

La Luna nueva es la fase lunar de la oscuridad, el silencio y el misterio. Es el momento ideal para el descanso, la introspección y la preparación de nuevos proyectos. Los cristales, hierbas y símbolos asociados a esta fase lunar son:

- **Cristales:** ónix, obsidiana, turmalina negra. Estos cristales son de color negro o muy oscuro, y tienen propiedades de protección, limpieza y destierro. Nos ayudan a eliminar las energías negativas, a cortar los lazos que nos atan a personas o situaciones tóxicas, y a crear un escudo protector alrededor nuestro.

- **Hierbas:** artemisa, ciprés, romero. Estas hierbas son de aroma intenso y penetrante, y tienen propiedades de purificación, clarividencia y conexión con el mundo espiritual. Nos ayudan a limpiar nuestro espacio sagrado y nuestros instrumentos mágicos, a abrir nuestro tercer ojo y nuestra intuición, y a comunicarnos con las deidades o espíritus afines a la Luna nueva.

- **Símbolo:** semilla. La semilla es el símbolo de la potencialidad, la fertilidad y el inicio. Representa la idea o el proyecto que queremos iniciar en el próximo ciclo lunar, y que guardamos en nuestro interior como una semilla que espera germinar. Podemos usar una semilla real o dibujarla en un papel o en nuestra piel para simbolizar nuestra intención.

Luna creciente

La Luna creciente es la fase lunar del crecimiento, la expansión y la acción. Es el momento ideal para iniciar proyectos, atraer oportunidades y desarrollar habilidades. Los cristales, hierbas y símbolos asociados a esta fase lunar son:

• **Cristales:** cuarzo blanco, selenita, piedra lunar. Estos cristales son de color blanco o traslúcido, y tienen propiedades de amplificación, iluminación y armonización. Nos ayudan a potenciar nuestra energía y nuestra voluntad, a iluminar nuestro camino y nuestras metas, y a armonizar nuestras emociones y nuestras relaciones.

• **Hierbas:** lavanda, menta, salvia. Estas hierbas son de aroma fresco y suave, y tienen propiedades de relajación, concentración y sabiduría. Nos ayudan a relajar nuestra mente y nuestro cuerpo, a concentrarnos en nuestras tareas y objetivos, y a aprender de nuestras experiencias y errores.

• **Símbolo:** brote. El brote es el símbolo del nacimiento, el desarrollo y la manifestación. Representa el proyecto o la idea que hemos iniciado en la Luna nueva, y que empieza a crecer y a dar frutos. Podemos usar un brote real o dibujarlo en un papel o en nuestra piel para simbolizar nuestro progreso.

Luna llena

La Luna llena es la fase lunar de la plenitud, el poder y la manifestación. Es el momento ideal para celebrar logros, expresar gratitud y realizar deseos. Los cristales, hierbas y símbolos asociados a esta fase lunar son:

• **Cristales:** amatista, lapislázuli, perla. Estos cristales son de color violeta, azul o nacarado, y tienen propiedades de elevación, inspiración y belleza. Nos ayudan a elevar nuestra vibración y nuestra conciencia, a inspirarnos en nuestras creaciones y expresiones, y a embellecer nuestra vida y nuestro entorno.

• **Hierbas:** rosa, jazmín, manzanilla. Estas hierbas son de aroma dulce y floral, y tienen propiedades de amor, alegría y paz. Nos ayudan a amarnos a nosotros mismos y a los demás, a disfrutar de los placeres y las bendiciones de la vida, y a crear un ambiente de armonía y tranquilidad.

• **Símbolo:** flor. La flor es el símbolo de la madurez, la abundancia y la gratitud. Representa el proyecto o la idea que hemos iniciado en la Luna nueva, y que ha alcanzado su máximo esplendor y rendimiento. Podemos usar una flor real o dibujarla en un papel o en nuestra piel para simbolizar nuestro agradecimiento.

Luna menguante

La Luna menguante es la fase lunar del decrecimiento, la liberación y la reflexión. Es el momento ideal para finalizar proyectos, soltar lo que ya no sirve y evaluar los resultados. Los cristales, hierbas y símbolos asociados a esta fase lunar son:

• **Cristales:** hematite, granate, ópalo. Estos cristales son de color rojo, naranja o multicolor, y tienen propiedades de fortaleza, pasión y transformación. Nos ayudan a fortalecer nuestro ánimo y nuestra confianza, a apasionarnos por nuestros sueños y deseos, y a transformar nuestra realidad y nuestro destino.

• **Hierbas:** tomillo, laurel, salvia. Estas hierbas son de aroma cálido y especiado, y tienen propiedades de limpieza, victoria y protección. Nos ayudan a limpiar nuestro espacio sagrado y nuestros instrumentos mágicos de las energías residuales del ciclo lunar, a celebrar nuestras victorias y aprendizajes, y a protegernos de las influencias negativas o dañinas.

• **Símbolo:** fruto. El fruto es el símbolo de la cosecha, el balance y el regalo. Representa el proyecto o la idea que hemos iniciado en la Luna nueva, y que nos ha proporcionado beneficios y satisfacciones. Podemos usar un fruto real o dibujarlo en un papel o en nuestra piel para simbolizar nuestro balance.

Recuerda que puedes combinarlos entre sí o con otros elementos que te gusten o que tengas a mano para crear tu propia magia lunar personalizada. Lo importante es que te sientas la conexión con la energía de la Luna y con tu propio poder.

Mágicos hechizos de magia lunar que todo practicante de magia lunar debe conocer

A continuación veremos numerosos hechizos que todo practicante de magia lunar debe conocer. Los hechizos lunares son como susurros al oído de la Luna, que nos escucha, nos comprende y nos concede sus bendiciones. Los hechizos lunares son el regalo que la Luna nos hace cada noche, para que podamos soñar, crear y manifestar nuestra mejor versión y nuestros deseos más íntimos.

Hechizo de medianoche para manifestar un deseo difícil con la Luna Llena

Herramientas necesarias:

1. Velas: una vela plateada y una vela dorada.

2. Incienso: elige un aroma que te ayude a manifestar tu deseo, como el canela o el sándalo.

3. Papel y bolígrafo.

4. Un cuenco con leche y miel.

5. Cristales: selecciona aquellos que te ayuden a manifestar tu deseo, como el pirita o el cuarzo citrino.

6. Una moneda.

7. Un apagavelas.

Pasos a seguir:

Preparación:

1. Encuentra un lugar tranquilo donde puedas realizar el hechizo sin interrupciones, preferiblemente al aire libre donde puedas ver la Luna Llena.

2. Limpia el espacio física y energéticamente utilizando el incienso. Visualiza cómo el humo elimina las energías negativas y las reemplaza por energías positivas.

3. Coloca las velas en un lugar seguro, con la vela plateada a tu izquierda y la vela dorada a tu derecha.

4. Coloca el cuenco con leche y miel cerca de las velas. La leche y la miel son elementos que representan la abundancia y la dulzura de la vida.

5. Coloca la moneda en el cuenco con leche y miel. La moneda simboliza la prosperidad y la suerte.

6. Tómate un momento para respirar profundamente, relajarte y sintonizar con la energía de la Luna Llena.

Meditación:

1. Siéntate frente a las velas, cierra los ojos y respira profundamente varias veces.

2. Visualiza la Luna Llena en el cielo, brillando con toda su luz y su poder, iluminando tu camino.

3. Siente cómo esta energía lunar te invita a manifestar tu deseo más difícil, aquel que parece imposible o inalcanzable. Siente cómo te ayuda a creer en ti y en tus posibilidades.

4. Permanece en este estado de meditación, conectando con la energía de la Luna y visualizando cómo tu deseo se hace realidad.

Escritura de manifestación:

1. Toma el papel y el bolígrafo.

2. Escribe tu deseo más difícil en el papel, (solo uno) de forma clara y positiva, como si ya se hubiera cumplido. Por ejemplo: "Yo soy feliz y exitoso en mi trabajo", "Yo tengo (escribir el deseo) reconocimiento", "Yo disfruto de una salud perfecta y radiante", "Yo reseulvo (escribir el deseo) de manera fácil y rápida"etc.

3. Mientras escribes, visualiza cómo tu deseo se manifiesta en tu vida y siente la gratitud y la alegría que experimentas al hacerlo.

Activación de la manifestación:

1. Toma el papel con tu deseo escrito y sosténlo entre tus manos.

2. Visualiza cómo la energía de la Luna Llena de medianoche fluye a través de ti y se infunde en el papel, potenciando tu intención de manifestar tu deseo.

3. Enciende la vela plateada y visualiza cómo la llama representa la luz lunar que ilumina tu camino hacia tu deseo.

4. Quema el papel con la vela plateada, simbolizando la entrega de tu deseo al Universo. Deja que el papel se consuma por completo en el cuenco con leche y miel, evitando cualquier riesgo de incendio.

5. Enciende la vela dorada y visualiza cómo la llama representa la luz solar que te trae tu deseo hecho realidad.

6. Toma la moneda entre tus manos y visualiza cómo se llena de luz dorada, atrayendo hacia ti todo lo bueno que mereces.

Ceremonia final:

1. Agradece a la Luna Llena de medianoche por su energía y apoyo en tu proceso de manifestación.

2. Deja que las velas se consuman por completo, o si es necesario apágalas utilizando el apagavelas.

3. Deshazte del papel quemado, enterrándolo en la tierra, tirándolo al mar o al río, o depositándolo en la basura. Al hacerlo, estás confiando en que tu deseo se cumplirá en el momento y la forma adecuados.

4. Guarda la moneda en un lugar seguro, donde puedas verla a menudo y recordar tu deseo.

5. Mantén una actitud de apertura y receptividad, estando atento/a a las señales y oportunidades que se presenten en tu vida para acercarte a tu deseo.

6. Empieza este hechizo 10 minutos antes de la medianoche en Luna Llena.

Hechizo para aumentar tu atractivo y magnetismo con la Luna Creciente

Herramientas necesarias:

1. Velas: una vela roja y una vela rosa.

2. Incienso: elige un aroma que te ayude a aumentar tu atractivo y magnetismo, como el vainilla o el rosas.

3. Papel y bolígrafo.

4. Un cuenco con agua y azúcar.

5. Cristales: selecciona aquellos que te ayuden a aumentar tu atractivo y magnetismo, como el rubí o el cuarzo rosa.

6. Un espejo pequeño o un objeto que refleje tu imagen.

7. Un apagavelas.

Pasos a seguir:

Preparación:

1. Encuentra un lugar tranquilo donde puedas realizar el hechizo sin interrupciones, preferiblemente al aire libre donde puedas ver la Luna Creciente.

2. Limpia el espacio física y energéticamente utilizando el incienso. Visualiza cómo el humo elimina las energías negativas y las reemplaza por energías positivas.

3. Coloca las velas en un lugar seguro, con la vela roja a tu izquierda y la vela rosa a tu derecha.

4. Coloca el cuenco con agua y azúcar cerca de las velas. El agua y el azúcar son elementos que representan la dulzura y la atracción.

5. Coloca el espejo o el objeto que refleje tu imagen, colócalo frente a ti.

6. Tómate un momento para respirar profundamente, relajarte y sintonizar con la energía de la Luna Creciente.

Meditación:

1. Siéntate frente a las velas, cierra los ojos y respira profundamente varias veces.

2. Visualiza la Luna Creciente en el cielo, aumentando su luz y su tamaño, preparándose para alcanzar su plenitud.

3. Siente cómo esta energía lunar te invita a aumentar tu atractivo y magnetismo, aquellos rasgos que te hacen especial y deseable. Siente cómo te ayuda a potenciar tu belleza interior y exterior, tu carisma y tu encanto personal.

4. Permanece en este estado de meditación, conectando con la energía de la Luna y visualizando cómo te vuelves una persona muy atractiva y magnética.

Escritura de afirmaciones:

1. Toma el papel y el bolígrafo.

2. Escribe en el papel afirmaciones positivas que refuercen tu atractivo y magnetismo, como si ya fueran una realidad. Por ejemplo: "Yo soy una persona muy atractiva y magnética", "Yo irradio belleza interior y exterior", "Yo tengo un carisma irresistible", "Yo atraigo todo lo bueno que deseo", etc.

3. Mientras escribes, visualiza cómo tus afirmaciones se cumplen en tu vida y siente la confianza y la seguridad que experimentas al hacerlo.

Activación del atractivo y magnetismo:

1. Toma el papel con tus afirmaciones escritas y sosténlo entre tus manos.

2. Visualiza cómo la energía de la Luna Creciente fluye a través de ti y se infunde en el papel, potenciando tu intención de aumentar tu atractivo y magnetismo.

3. Enciende la vela roja y visualiza cómo la llama representa el fuego pasional que despiertas en los demás.

4. Quema el papel con la vela roja, simbolizando la activación de tu atractivo y magnetismo. Deja que el papel se consuma por completo en el cuenco con agua y azúcar, evitando cualquier riesgo de incendio.

5. Enciende la vela rosa y visualiza cómo la llama representa el amor incondicional que te tienes a ti mismo/a y que recibes de los demás.

6. Mírate en el espejo o en el objeto con admiración y cariño.

Ceremonia final:

1. Agradece a la Luna Creciente por su energía y apoyo en tu hechizo de atractivo y magnetismo.

2. Deja que las velas se consuman por completo, o si es necesario apágalas utilizando el apagavelas.

3. Deshazte del papel quemado, enterrándolo en la tierra, tirándolo al mar o al río, o depositándolo en la basura. Al hacerlo, estás sellando tu hechizo de atractivo y magnetismo.

4. Guarda el espejo o el objeto que refleje tu imagen en un lugar seguro, donde puedas verlo a menudo y recordar tu hechizo.

5. Mantén una actitud de apertura y receptividad, estando atento/a a las señales y oportunidades que se presenten en tu vida para disfrutar de tu atractivo y magnetismo.

6. Realiza este hechizo durante las noches de Luna Creciente, hasta que sientas que has aumentado tu atractivo y magnetismo.

Hechizo para deshacer el mal de ojo con un limón y un alfiler

Herramientas necesarias:

1. Un limón fresco y amarillo.

2. Un alfiler nuevo.

3. Un plato blanco.

4. Sal marina.

5. Una vela negra.

6. Incienso de salvia o laurel.

7. Un apagavelas.

Pasos a seguir:

Preparación:

1. Encuentra un lugar tranquilo donde puedas realizar el hechizo sin interrupciones, preferiblemente al anochecer o al amanecer.

2. Limpia el espacio física y energéticamente utilizando el incienso. Visualiza cómo el humo elimina las energías negativas y las reemplaza por energías positivas.

3. Coloca la vela negra en un lugar seguro y enciéndela con una cerilla o un mechero. Visualiza cómo la llama representa la fuerza y la resistencia ante el mal.

4. Coloca el plato blanco frente a ti y pon el limón encima. El limón es un símbolo de limpieza y frescura, pero también de acidez y amargura.

Meditación:

1. Siéntate frente al plato con el limón, cierra los ojos y respira profundamente varias veces.

2. Visualiza el mal de ojo que alguien te ha lanzado, como una energía oscura y pesada que se ha adherido a tu aura, bloqueando tu flujo vital y causándote problemas en tu salud, tu trabajo, tu amor o tu dinero.

3. Siente cómo esta energía negativa se transfiere desde tu aura al limón, como si fuera un imán que la atrae y la absorbe. Siente cómo te vas liberando de esa carga y recuperando tu bienestar.

Escritura de deshacimiento:

1. Toma el alfiler nuevo y pínchalo en el centro del limón, atravesándolo de lado a lado.

2. Con el alfiler, escribe en la cáscara del limón la palabra "DESHAGO" o simplemente "EL MAL DE OJO".

3. Mientras escribes, visualiza cómo deshaces el vínculo energético que te une a esa persona o a esa situación negativa, y cómo te liberas de su influencia.

Activación del deshacimiento:

1. Toma el limón entre tus manos y sostenlo sobre el plato blanco.

2. Visualiza cómo la energía de la vela negra fluye a través de ti y se infunde en el limón, potenciando tu intención de deshacer el mal de ojo.

3. Exprime el limón sobre el plato blanco, dejando caer todo su jugo ácido y amargo. Simboliza la eliminación de todo lo negativo que te ha afectado.

4. Echa una pizca de sal marina sobre el jugo de limón, para neutralizar su acidez y purificar sus energías.

Ceremonia final:

1. Agradece a la vela negra por su energía y apoyo en tu ritual de deshacimiento del mal de ojo.

2. Deja que la vela se consuma por completo, o si es necesario apágala

3. Deshazte del limón, el alfiler, el jugo de limón y la sal marina, enterrándolos en la tierra, tirándolos al mar o al río, o depositándolos en la basura. Al hacerlo, estás cortando el lazo energético con aquello que has deshecho.

4. Mantén una actitud de apertura y receptividad, estando atento/a a las señales y oportunidades que se presenten en tu vida para vivir con más armonía y bienestar.

5. Realiza este hechizo durante las noches de Luna Menguante.

Hechizo para atraer la buena suerte con una moneda y una pluma

Herramientas necesarias:

1. Una moneda de cualquier valor o país.

2. Una pluma de ave, preferiblemente de color blanco o negro.

3. Un trozo de papel blanco.

4. Un bolígrafo o lápiz.

5. Una vela verde.

6. Un plato pequeño.

7. Un sobre blanco.

Pasos a seguir:

Preparación:

1. Encuentra un lugar tranquilo y limpio donde puedas realizar el hechizo sin interrupciones, preferiblemente al mediodía o al atardecer.

2. Limpia el espacio física y energéticamente utilizando la pluma de ave. Pasa la pluma por el aire, por el suelo, por las paredes y por ti mismo/a, visualizando cómo el poder del ave elimina las energías negativas y las reemplaza por energías positivas.

3. Coloca la vela verde en el centro del plato pequeño y enciéndela con una cerilla o un mechero. Visualiza cómo la llama representa la abundancia y la prosperidad que quieres atraer a tu vida.

4. Coloca la moneda junto a la vela, en el plato pequeño. La moneda es un símbolo de riqueza y fortuna, pero también de cambio y movimiento.

Meditación:

1. Siéntate frente al plato con la vela y la moneda, cierra los ojos y respira profundamente varias veces.

2. Visualiza cómo la energía de la vela verde fluye a través de ti y se infunde en la moneda, potenciando tu intención de atraer la buena suerte en todo momento.

3. Siente cómo esta energía positiva se expande desde tu centro hacia todo tu cuerpo, tu mente, tu corazón y tu espíritu, llenándote de confianza, optimismo, alegría y gratitud.

Escritura de atracción:

1. Toma el trozo de papel blanco y el bolígrafo o lápiz.

2. Con el bolígrafo o lápiz, escribe en el papel la siguiente frase: "Yo (tu nombre completo) atraigo la buena suerte en todo momento".

3. Debajo de la frase, dibuja un círculo que represente el ciclo infinito de la fortuna.

4. Dentro del círculo, dibuja una estrella de cinco puntas que represente tu poder personal y tu conexión con lo divino.

Activación del atracción:

1. Toma el papel entre tus manos y sostenlo sobre el plato con la vela y la moneda.

2. Visualiza cómo la energía de la vela verde fluye a través de ti y se infunde en el papel, potenciando tu intención de atraer la buena suerte en todo momento.

3. Dobla el papel por la mitad y guárdalo dentro del sobre blanco.

4. Coloca el sobre debajo del plato con la vela y la moneda.

Ceremonia final:

1. Agradece a la vela verde por su energía y apoyo en tu ritual de atracción de la buena suerte.

2. Deja que la vela se consuma por completo, o si es necesario apágala con un apagavelas.

3. Guarda la moneda en tu cartera o bolsillo, como un amuleto de buena suerte que te acompañará siempre.

4. Guarda el sobre con el papel en un lugar seguro y secreto, como un talismán de buena suerte que protegerá tu hogar.

5. Mantén una actitud de apertura y receptividad, estando atento/a a las señales y oportunidades que se presenten en tu vida para vivir con más armonía y bienestar.

6. Realiza este hechizo durante los días de Luna Creciente o Llena.

Hechizo para deshacer una maldición familiar con una foto y un espejo

Herramientas necesarias:

1. Una foto de tu familia o de las personas afectadas por la maldición.

2. Un espejo pequeño que puedas sostener en tu mano.

3. Un trozo de cinta roja.

4. Una vela blanca.

5. Un plato pequeño.

6. Incienso de ruda o romero.

7. Un apagavelas.

Pasos a seguir:

Preparación:

1. Encuentra un lugar tranquilo y limpio donde puedas realizar el hechizo sin interrupciones, preferiblemente al anochecer o al amanecer.

2. Limpia el espacio física y energéticamente utilizando el incienso. Visualiza cómo el humo elimina las energías negativas y las reemplaza por energías positivas.

3. Coloca la vela blanca en el centro del plato pequeño y enciéndela con una cerilla o un mechero. Visualiza cómo la llama representa la luz y la protección que quieres para tu familia.

4. Coloca el espejo junto a la vela, en el plato pequeño. El espejo es un símbolo de reflejo y de retorno, pero también de claridad y verdad.

Meditación:

1. Siéntate frente al plato con la vela y el espejo, cierra los ojos y respira profundamente varias veces.

2. Visualiza la maldición familiar que alguien os ha lanzado, como una energía oscura y pesada que se ha adherido a vuestra aura, bloqueando vuestro flujo vital y causándoos problemas en vuestra salud, vuestro trabajo, vuestro amor o vuestro dinero.

3. Siente cómo esta energía negativa se transfiere desde vuestra aura al espejo, como si fuera un imán que la atrae y la absorbe. Siente cómo os vais liberando de esa carga y recuperando vuestro bienestar.

Escritura de deshacimiento:

1. Toma la foto de tu familia o de las personas afectadas por la maldición.

2. Con el bolígrafo o lápiz, escribe en el reverso de la foto la siguiente frase: "Yo (tu nombre completo) deshago la maldición familiar que nos ha afectado".

3. Debajo de la frase, dibuja un triángulo que represente la armonía y el equilibrio entre cuerpo, mente y espíritu.

4. Dentro del triángulo, dibuja un corazón que represente el amor y la unión entre vosotros.

Activación del deshacimiento:

1. Toma el espejo entre tus manos y sostenlo sobre el plato con la vela.

2. Visualiza cómo la energía de la vela blanca fluye a través de ti y se infunde en el espejo, potenciando tu intención de deshacer la maldición familiar.

3. Coloca el espejo boca abajo sobre el plato, de modo que refleje hacia abajo la luz de la vela.

4. Coloca la foto sobre el espejo, de modo que quede entre el espejo y la vela.

5. Ata la cinta roja alrededor del plato, del espejo y de la foto, haciendo un nudo fuerte. Simboliza el corte del vínculo energético con aquello que has deshecho.

Ceremonia final:

1. Agradece a la vela blanca por su energía y apoyo en tu ritual de deshacimiento de la maldición familiar.

2. Deja que la vela se consuma por completo, o si es necesario apágala con un apagavelas.

3. Guarda el plato con el espejo, la foto y la cinta roja en un lugar seguro y secreto, como un talismán de protección familiar que evitará que os vuelvan a maldecir.

4. Mantén una actitud de apertura y receptividad.

5. Realiza este hechizo durante la Luna Menguante o Nueva.

Hechizo para encontrar el amor verdadero y duradero

Herramientas necesarias:

1. Una vela rosa.

2. Un plato pequeño.

3. Un trozo de papel blanco.

4. Un bolígrafo o lápiz.

5. Un sobre blanco.

6. Un poco de miel.

7. Una rosa roja.

8. Un trozo de cinta roja.

Pasos a seguir:

Preparación:

1. Encuentra un lugar tranquilo y limpio donde puedas realizar el hechizo sin interrupciones, preferiblemente en una noche de Luna Llena o Creciente.

2. Coloca la vela rosa en el centro del plato pequeño y enciéndela con una cerilla o un mechero. Visualiza cómo la llama representa el amor y la pasión que quieres atraer a tu vida.

3. Coloca el sobre blanco junto a la vela, en el plato pequeño. El sobre es un símbolo de comunicación y de mensaje.

Meditación:

1. Siéntate frente al plato con la vela y el sobre, cierra los ojos y respira profundamente varias veces.

2. Visualiza cómo la energía de la vela rosa fluye a través de ti y se infunde en el sobre, potenciando tu intención de encontrar el amor duradero con la magia lunar.

3. Siente cómo esta energía positiva se expande desde tu centro hacia todo tu cuerpo, tu mente, tu corazón y tu espíritu, llenándote de confianza, optimismo, alegría y gratitud.

Escritura de atracción:

1. Toma el trozo de papel blanco y el bolígrafo o lápiz.

2. Con el bolígrafo o lápiz, escribe en el papel la siguiente frase: "Yo (tu nombre completo) atraigo el amor verdadero y duradero con la magia lunar".

3. Debajo de la frase, dibuja un círculo que represente el ciclo infinito del amor.

4. Dentro del círculo, dibuja una luna creciente que represente tu conexión con la Luna y su magia.

Activación del atracción:

1. Toma el papel entre tus manos y sostenlo sobre el plato con la vela y el sobre.

2. Visualiza cómo la energía de la vela rosa fluye a través de ti y se infunde en el papel, potenciando tu intención de encontrar el amor duradero con la magia lunar.

3. Dobla el papel por la mitad y guárdalo dentro del sobre blanco.

4. Echa un poco de miel sobre el sobre, para endulzar tu petición y atraer al amor con dulzura.

5. Coloca la rosa roja sobre el sobre, para simbolizar el amor romántico y apasionado que deseas.

Ceremonia final:

1. Agradece a la vela rosa por su energía y apoyo en tu ritual de atracción del amor duradero con la magia lunar.

2. Deja que la vela se consuma por completo, o si es necesario apágala con un apagavelas.

3. Guarda el plato con el sobre, la miel y la rosa roja en un lugar seguro y secreto, como un talismán de amor que te ayudará a encontrar a tu alma gemela. Puedes envolverlo con un plástico para que no se ensucie e incluso guardarlo dentro de una caja. Si deseas, también puedes enterrarlo y pedirle a la madre tierra que se encargue de abrazar y cuidar tu hechizo con su amada energía.

4. Mantén una actitud de apertura y receptividad.

5. Realiza este hechizo en Luna Llena o Creciente.

Hechizo para crear y consagrar un talismán de la buena suerte

Herramientas necesarias:

1. Un objeto que quieras convertir en tu talismán de la buena suerte. Puede ser una piedra, una moneda, una joya, un amuleto, etc.

2. Un trozo de tela blanca.

3. Una vela blanca.

4. Un plato pequeño.

5. Incienso de lavanda o menta.

6. Un apagavelas.

Pasos a seguir:

Preparación:

1. Encuentra un lugar tranquilo y limpio donde puedas realizar el hechizo sin interrupciones, preferiblemente en una noche de Luna Llena o Creciente.

2. Limpia el espacio física y energéticamente utilizando el incienso. Visualiza cómo el humo elimina las energías negativas y las reemplaza por energías positivas.

3. Coloca la vela blanca en el centro del plato pequeño y enciéndela con una cerilla o un mechero. Visualiza cómo la llama representa la luz y la protección que quieres para tu talismán.

4. Coloca el objeto que quieras convertir en tu talismán junto a la vela, en el plato pequeño. El objeto es un símbolo de tu intención y tu deseo de atraer la buena suerte.

Meditación:

1. Siéntate frente al plato con la vela y el objeto, cierra los ojos y respira profundamente varias veces.

2. Visualiza cómo la energía de la vela blanca fluye a través de ti y se infunde en el objeto, potenciando tu intención de crear y consagrar un talismán de la buena suerte con la magia lunar.

3. Siente cómo esta energía positiva se expande desde tu centro hacia todo tu cuerpo, tu mente, tu corazón y tu espíritu, llenándote de confianza, optimismo, alegría y gratitud.

Invocación de creación:

1. Toma el objeto entre tus manos y sostenlo sobre el plato con la vela.

2. Visualiza cómo la energía de la vela blanca fluye a través de ti y se infunde en el objeto, potenciando tu intención de crear y consagrar un talismán de la buena suerte con la magia lunar.

3. Pronuncia en voz alta o mentalmente la siguiente invocación:

"Por el poder de la Luna Llena, yo (tu nombre completo) creo este talismán para que me traiga buena suerte en todo momento. Que sea un imán para las oportunidades, un escudo contra los obstáculos, un guía para las decisiones, y un amigo para los momentos difíciles. Que así sea y así será". Repetir 7 veces en voz alta.

Invocación de consagración:

1. Envuelve el objeto con el trozo de tela blanca, formando un pequeño paquete.

2. Coloca el paquete sobre el plato con la vela.

3. Visualiza cómo la energía de la vela blanca fluye a través de ti y se infunde en el paquete, potenciando tu intención de crear y consagrar un talismán de la buena suerte con la magia lunar.

4. Pronuncia en voz alta o mentalmente la siguiente invocación:

"Por el poder de la Luna Llena, yo (tu nombre completo) consagro este talismán para que me sirva como un instrumento mágico de mi voluntad y mi deseo. Que sea bendecido por las fuerzas cósmicas, que sea cargado por las energías lunares, que sea protegido por los ángeles guardianes, y que sea activado por mi fe y mi gratitud. Que así sea y así es".

Ceremonia final:

1. Agradece a la vela blanca por su energía y apoyo en tu ritual de creación y consagración de un talismán de la buena suerte con la magia lunar.

2. Deja que la vela se consuma por completo, o si es necesario apágala con un apagavelas.

3. Guarda el paquete con el objeto y la tela blanca en un lugar seguro y secreto, como tu talismán de la buena suerte que te acompañará siempre.

4. Realiza este hechizo durante las noches de Luna Llena.

5. Una vez al mes, preferiblemente en la noche de Luna Llena, saca el talismán de su paquete y colócalo en un lugar donde reciba la luz de la Luna directamente. Déjalo ahí toda la noche, visualizando cómo la Luna limpia y recarga el talismán con su energía.

6. A la mañana siguiente, toma el talismán entre tus manos y agradece a la Luna por su ayuda. Vuelve a envolverlo con la tela blanca y guárdalo en su lugar secreto.

7. Repite este proceso cada mes, para mantener el talismán activo y potente.

También es posible dejarlo a tomar baños de luna en algún momento determinado, siempre que sea una fase lunar favorable para tu propósito. Por ejemplo, si quieres atraer algo nuevo a tu vida, puedes dejarlo en Luna Nueva o Creciente. Si quieres eliminar algo negativo de tu vida, puedes dejarlo en Luna Llena o Menguante. Lo importante es que tengas claro tu objetivo y que lo hagas con fe y gratitud.

Palabras finales

Ha llegado el momento de cerrar este libro, pero no de cerrar tu conexión con la Luna. Espero que hayas disfrutado de este viaje y que te haya servido para aprender, inspirarte y empoderarte. La Luna es un astro maravilloso que nos ofrece su luz, su energía y su sabiduría en cada fase, y que nos invita a seguir su ritmo y su ejemplo.

Te animo a que practiques la magia lunar con regularidad, siguiendo los rituales, hechizos y meditaciones, o creando los tuyos propios. No hay una forma correcta o incorrecta de hacer magia lunar, solo la que te haga sentir bien y en sintonía con tu esencia. La Luna es una guía, una aliada y una amiga, pero la verdadera magia está en ti.

Descubre tu propia magia interior, esa que te hace ser un ser único, especial y poderoso. Exprésala con tu voz, tu cuerpo, tu arte, tu trabajo, tu amor. Comparte tu magia con el mundo, con las personas que te rodean, con la naturaleza. Sé tú mismo, sé auténtico, sé mágico.

Gracias por leer este libro y por acompañarme en este viaje lunar. Espero que te haya gustado y que te haya aportado algo positivo a tu vida. Te deseo lo mejor en tu camino mágico y personal. Que la Luna te bendiga y te ilumine siempre. ¡Feliz magia!

Este libro contiene un regalo. Visita https://esenciaesoterica.es/ para descargar tu regalo.

Made in the USA
Columbia, SC
21 May 2024

35918843R00062